耐用品生产厂商定价
若干问题研究

苏 昊 谭德庆 刘 军 著

科学出版社

北 京

内 容 简 介

　　本书以耐用品市场的特有属性为研究背景，结合前人研究中未曾解决的耐用品市场中的相关定价问题进行研究。本书内容包括如何刻画现实市场特性并构建出抽象的理论模型，并利用模型分析和解决企业运营管理和产业组织相关问题的全过程，能够开阔研究视野和增强研究兴趣。

　　本书可作为高等院校经济管理类本科生、研究生以及对运营管理和产业组织理论应用研究有兴趣的读者的参考书。

图书在版编目(CIP)数据

耐用品生产厂商定价若干问题研究 / 苏昊，谭德庆，刘军著. — 北京：科学出版社，2018.5

　　ISBN 978-7-03-057191-5

　　Ⅰ.①耐⋯　Ⅱ.①苏⋯　②谭⋯　③刘⋯　Ⅲ.①耐用消费品-企业定价-研究　Ⅳ.①F274②F760.2

中国版本图书馆 CIP 数据核字（2018）第 077731 号

责任编辑：张　展　陈　杰／责任校对：江　茂
责任印制：罗　科／封面设计：墨创文化

科 学 出 版 社 出版

北京东黄城根北街16号
邮政编码：100717
http://www.sciencep.com

四川煤田地质制图印刷厂印刷

科学出版社发行　各地新华书店经销

*

2018 年 5 月第 一 版　　开本：B5（720×1000）
2018 年 5 月第一次印刷　　印张：6 3/4
字数：150 千字

定价：49.00 元
（如有印装质量问题，我社负责调换）

前　　言

  耐用品理论研究一直以来都是国际经济理论研究的热点问题，同时，耐用品一直以来都是统计年鉴中用来衡量居民生活质量和国家现代化程度的重要统计指标之一。伴随着科技的进步和经济的发展，当今耐用品市场中厂商间的竞争也日趋激烈，耐用品生产厂商如何在市场竞争中立于不败之地，就需要有贴近现实耐用品市场的理论研究对耐用品生产厂商的生产和销售决策进行科学且行之有效的指导，从而提高耐用品生产厂商的科学决策水平。正是基于以上原因，本书在前人研究的基础上，针对当前耐用品市场中出现的新问题，建立了耐用品生产厂商定价问题的若干模型，并通过现实市场状况对模型中所得出的结论进行分析，从而为耐用品生产厂商科学的市场决策提供理论依据。

  首先，本书提出耐用品市场存在市场需求波动和厂商市场信息预测不确定的因素，并且将市场需求波动和耐用品厂商掌握的信息量等因素考虑到耐用品生产厂商的定价模型中，并结合现实市场案例就市场需求波动和耐用品厂商掌握的信息量对耐用品生产厂商市场定价策略的影响等问题进行深入的理论分析；其次，本书将耐用品市场中的以旧换新现象引入厂商对新、老两款耐用品的定价模型中，发现不同价格组合的内部关系对应着不同的消费需求结构，同时，利用老款产品在两个阶段的最优销售价格、老款产品在第二阶段的最优回收价格以及新款产品在第二阶段的最优销售价格，为耐用品生产厂商的市场决策提供量化的科学依据；最后，重点研究耐用品生产厂商在同时生产易耗部件的情况下，易耗部件的存在对耐用品厂商两期产量和价格决策的影响。据此，本书主要做了以下研究工作：

  (1)通过对国内外已有的耐用品相关研究文献全面系统地回顾与评述，提出当前耐用品四大主流研究方向中有待深入研究的定价等相关问题，从而阐述本书的基本研究内容。

  (2)建立耐用品垄断厂商多阶段线性需求-价格模型，运用动态规划思想，针对耐用品市场需求量不确定及耐用品生产厂商市场信息预测不准的问题展开探讨。得出在消费者对耐用品价格的预期与耐用品生产厂商对市场的预期不一致的情况下，耐用品需求量的波动及厂商掌握信息量的多少将对耐用品生产厂商的最优定价具有影响等结论。并根据现实市场状况，对信息不对称下的耐用品定价模型的经济含义给予分析，结果表明模型对耐用品生产厂商的市场决策具有理论指导意义。

  (3)在市场需求及预测不确定时耐用品垄断厂商多期定价研究的基础上，建立耐用品双寡头厂商两阶段线性需求-价格模型，针对耐用品双寡头市场需求量不确定及耐用品生产厂商市场信息预测不准的问题展开探讨。研究的主要内容包括：①耐用品双寡头厂商在市场需求预测情况下的两期博弈最优价格的确定；②耐用品双寡头厂商在市场需求趋势预测相同的情况下，市场需求波动对厂商最优博弈定价的影响；③耐用品双寡头厂商在市场需求趋势预测不一致的情况下，市场需求波动对厂商最优博弈定价的影响；④耐用品双寡头厂商市场需求趋势预测一致的情况下，厂商掌握市场信息量的多少对厂商最优博弈定价的影响；⑤耐用品双寡头厂商市场需求趋势预测不一致的情况下，厂商掌握市场信息量的多少对厂商最优博弈定价的影响。

(4) 以耐用品厂商回收旧的老款产品、推出新款产品的市场现象为着眼点，对耐用品厂商的定价策略问题展开研究。研究中突出了消费者对耐用品生产厂商市场策略的反应，从而把消费者的市场反应作为耐用品厂商市场定价决策的依据。首先根据消费者类型分布，从消费者效用入手分析存在厂商以旧换新的情况下，新、老两款耐用品的消费需求结构，发现不同的价格组合内部关系会对应着不同的消费需求结构。然后针对不同的消费需求结构，运用规划理论研究耐用品垄断生产商新、老两款耐用品的两阶段最优定价问题，得到系统最优的定价组合，即老款产品在两个阶段的最优销售价格、旧的老款产品在第二阶段的最优回收价格以及在第二阶段所推出的新款产品的最优销售价格。此外，在最优定价组合的基础上，对耐用品价格的相关特征以及耐用品在系统最优条件下的性价比等指标的特征进行讨论，得出对耐用品厂商进行科学市场决策有指导意义的结论。

(5) 研究耐用品生产厂商在同时生产易耗部件情况下的产量和价格决策等问题，研究中提出易耗部件的概念，并基于 Swan(1970) 的市场结构独立性的假说，分别从租赁和销售两个市场角度，对耐用品生产厂商的产量和价格策略进行研究，通过建立耐用品垄断厂商两期的关于耐用品和易耗部件的需求-价格模型，发现耐用品生产厂商在面临销售的市场情况下，Swan 的市场独立化结论是不成立的。此外，耐用品垄断厂商同时可以利用耐用品和易耗部件两种手段来实现其"计划废弃"策略，从而实现其垄断利润的最大化。

近些年来，在我国高等院校的经济管理类专业中的管理科学与工程类和产业组织理论与应用等研究方向的教学中，开设了诸多产业竞争理论模型与分析的相关教学内容，介绍如何通过企业的运营和市场现象提炼出市场特征并构建抽象的理论模型用于市场竞争的分析，译著和专著也出现了很多，各有特色。本书内容是笔者对耐用品市场进行研究所取得的成果，篇幅虽然不多，但都是笔者近几年的最新研究成果。由于笔者所研究的耐用品市场问题在国内外的研究文献不多，同时所涉及的模型研究相对复杂，因此，本书只选取了部分耐用品市场中的定价问题进行研究，后续还将会在此领域做大量的研究工作。

在此，我要感谢我的恩师谭德庆教授，是他带着我步入科学研究的殿堂，并督促着我不断成长。同时感谢研究团队中的谭伟、刘军和王艳对本书研究内容给予的重要帮助。感谢我的父母和妻子对我研究工作的支持与鼓励。

最后，特别感谢国家自然科学基金项目(71640018)和西南石油大学人文专项基金杰出人才项目(2017RW024)的资助，正是由于这两项基金的支持，才使此书得以尽快与读者见面。

由于笔者水平和写作时间有限，疏漏之处在所难免，还望广大专家和相关领域学者批评指正。本书的研究只是抛砖引玉，希望未来国内能有更多对耐用品市场感兴趣的学者有更加深入的研究。

苏　昊

2018 年 1 月于成都

目　　录

第1章 绪 论

本章通过对国内外已有的耐用品相关研究文献进行全面系统的回顾与评述，提出当前耐用品四大主流研究方向中有待深入研究的定价等相关问题，从而阐述本书的基本研究内容。

1.1 研究背景与研究意义

1.1.1 研究背景

当今社会处于经济飞速发展的时代，人民物质产品丰富，市场上的消费产品及服务琳琅满目，应有尽有。耐用品这样一类能够在多个时期内提供效用的产品，一直以来都是统计年鉴中用来衡量居民生活质量和国家现代化程度的重要统计指标之一。我国进入 21 世纪以来，随着科技的飞速发展，城镇居民生活水平也得到了相应提高，居民家庭对耐用消费品的需求已经从基本普及提高到了对质量及科技含量要求很高的层面，家用耐用消费品的升级速度也在不断提高，并且由实用型转向消费型。像电视机、照相机、电脑、手提电话、冰箱、洗衣机等在改革开放初期很稀有的电子电器产品，现在已经成为大众消费品，而且很多家庭已经可以同时拥有多件，消费需求已经上升到了数控产品。此外，像小汽车这样的奢侈耐用消费品也已经逐渐普及。

随着居民物质生活与精神生活的极大丰富和多样化，耐用品厂商们也迎来了前所未有的发展机遇，他们必须不断强化产品质量，推陈出新，才能提供更好更新的产品和服务来满足消费者日益增长的消费需求，也只有这样耐用品厂商才能在日益激烈的市场竞争中有立足之地，才能获得更多的市场份额及利润。由于长期以来，国内的很多耐用品产业都处于一个垄断或寡头竞争的状态，因此，保留下来的发展模式已经不适合当今激烈竞争的市场环境了。伴随着中国加入 WTO 及跨国公司的不断进入，国内的每一家耐用品厂商都面临着巨大的竞争压力，要在激烈的竞争中求得生存与发展，就需要丰富和完善相关的耐用品理论及管理方法，正确认识耐用品的特性，并合理处理耐用品的耐用性、计划废弃、租售策略等问题。

国外对耐用品理论的研究起步比较早，国内对这一领域的全面研究基本是在进入 21 世纪以后才开始的。因此，本书研究的目标就是利用微观经济学及产业组织理论的相关理论和工具，在国外已有的耐用品研究的理论成果和国内现有的研究成果的基础上，深化耐用品理论相应主流方向的研究，并结合国内外耐用品市场的现实情况，探讨所得到的应用性结论。

1.1.2　研究意义

国外主流的耐用品研究主要针对四个方面展开：①耐用度选择和计划废弃问题研究；②二手市场和逆向选择问题研究；③时间不一致问题与租售策略选择问题研究；④耐用品及其相关产品研究。但是，对于每个方面的研究尚属发展阶段，很多著名学者都认识到其中很多未被研究的问题都是值得关注的，比如 Bhaskaran 等（2005）认为，在耐用度选择的文章中，对耐用品与其互补品的相互影响的关注很少。尽管有关耐用品问题的理论研究已经发展了近一个世纪，但是从供求角度对耐用品厂商的市场决策的理论研究，大都是将产量作为决策变量进行建模的，如 Bulow（1982）的经典模型就是从产量出发来研究耐用品厂商的不同市场策略的，以及东南大学的闫安等（2006a、b，2007，2008）对垄断和双寡头市场中的耐用品短期和长期的最优产量进行了系统的研究。虽然在少数学者的研究中有考虑到价格这一决策变量对耐用品厂商市场策略的影响，如 Desai 等（1998）、Bhaskaran 等（2005），但在模型的建立上都是从消费者效用的角度出发的。而对于竞争的市场环境来说，产量决策与价格决策是两个不可或缺的决策角度。此外，随着当今国际市场经济的不断发展，产能过剩的现象日益凸现，这就使生产厂商的价格决策格外具有现实意义。因此，本书从生产厂商的角度出发，以耐用品定价问题研究为主线，贯穿主流耐用品研究的各个方面，通过研究发现了先前学者未曾涉及的耐用品生产厂商定价问题中的若干相关市场问题，并结合耐用消费品现实市场情况，进行理论建模研究用以丰富耐用品生产厂商的市场策略，这对深化国内耐用品理论的研究以及提高耐用品生产厂商的决策水平，无疑具有重要的理论和现实意义。

1.2　国内外耐用品理论研究综述

耐用品是经济产品中的重要部分之一，它也同样为微观经济提供了大量值得研究的问题。这些问题中的一个分支就是耐用度的选择和"计划废弃"（planned obsolescence）的相关问题。这一分支的研究曾涉及生产者如何降低耐用度才能不损失其自身利益，以及如何确定新产品和旧产品存量的比例等问题。耐用品问题研究的第二个分支是围绕时间问题展开的，它所涉及的问题是受生产者第二个生产周期行为影响的第一个生产周期里的产品的价格和市场策略会如何影响第一个生产周期销售出的产品的未来价值。第三个耐用品研究分支是围绕信息不对称问题展开的，即在耐用品市场中，消费者是不能判断供给方提供的商品的质量的，正因为如此，"逆向选择"问题就出现了。由此所导致的是销售者放弃在市场中销售高质量的产品，因为消费者无法感知到产品质量的高低而不愿意为高质量的产品支付高价格。

前文提到的国际上有关耐用品研究的三大分支被认为是 20 世纪 70 年代早期耐用品微观理论研究的三大主要贡献。20 世纪 70 年代，学者们聚焦于耐用度和"计划废弃"问题的研究。Swan 最早提出最优耐用度问题（Swan，1970，1971；Sieper et al.，1973），这一时期众多研究耐用品的学者的注意力也都集中在推广和验证 Swan 的研究结论上。在 20 世纪 70 年代，有关耐用品问题研究的第二大贡献是 Coase（1972）提出的"时间不一致问题"。这一问题的提出困扰着众多学者，因为未来售出的耐用品会影响已经售出的耐用品的未来价值。这会促使耐用品生产商有序地对其未来的产量进行排列，使其不能实现整体收益的最大化。20 世纪 80 年代，绝大部分的耐用品理论研究都是围绕 Coase 这一深刻的见解展开的。20 世纪 70 年代，Akerlof（1970）提出的信息不对称和逆向选择问题被列为耐用品理论研究的第三大贡献。这一理论贡献最初并没有被认为是与耐用品理论研究相关的范畴，但是毕竟 Akerlof 起初的研究是以旧车市场为例的，所以在 20 世纪 90 年代后期，这些见解都被运用到学者们的耐用品模型中。这里我们会发现一个有趣的现象，同是在 20 世纪 70 年代提出的耐用品理论研究的三大问题，却被学者们分成了三个时间段在之后的三十年里分别给予深入研究。

上述国际上耐用品理论研究的三大进步中的任何一个方面都被认为是有关耐用品市场问题中的重要问题。但是他们都简化了模型，并且没有充分考虑耐用品市场的真实状况。例如，Swan（1970，1971）、Sieper 等（1973）对有关新、旧耐用产品的替代问题做出了不切实际的假设；Coase（1972）则假设耐用品的产量和价格都是不可缩减的；Akerlof（1970）却将注意力单纯集中在二手市场，忽略了新产品市场。因为许多这样的研究都被赋予了很强的假设前提，所以我们对理论模型的理解在某种程度上会有重大进步，但是这对于我们真正认识现实的耐用品市场却是无益的。

这种现象在 20 世纪 80 年代得到了转变。包括 Hendel、Alessandro 和 Waldman 在内的相当数量的学者将研究重心从起初那些基础的研究转向考虑建立与现实耐用品市场更加符合的理论模型。因此，他们对耐用品市场中的各种现象有了更加清晰的认识。例如，新版教科书的推广会导致旧版教科书市场的消失，对出版商的现实市场调查也是如此，但这却与 Swan（1980）的研究结论不同。再如，为了更好地理解新汽车租赁市场的角色，大量的学者认为新车租赁是生产商就消费者对旧车逆向选择行为的反应。除此之外，学者们还更深刻地理解了为什么耐用品生产厂商时常垄断他们自己产品的零件市场（如 Kodak、Data General、Unisys 和 Xerox，它们都曾因垄断被法院判决过）。最后，研究者也更好地理解了为什么产品升级进程是软件产业尤其是像微软这样的企业惯用的谋取更多利益的手段。

在本书的论述中，我们除了将对国际上耐用品理论研究中的三大贡献进行详细的阐述外，还要对进入 21 世纪以来学者们在耐用品理论研究中更加关注的耐用品及其相关产品问题进行综述。Kuhn 等(1996)以及 Bhaskaran 等(2005)就曾在研究中指出，由于缺少对与耐用品相关的产品和服务的建模研究，使得对耐用品市场的研究很不充分。此外，随着电子商务时代的来临和营销手段的不断升级，对于耐用品问题的相关研究也在逐步深入，这方面的研究也是值得我们关注的。

需要注意的是，本书提到的文献大都是有关耐用品垄断生产者将产品出售给消费者，但这并不表示那些分析都局限在了垄断这样的假设前提下，因为绝大多数耐用品生产者并不是垄断者，而是掌握了市场话语权；同时，垄断分析也可以提供有价值的见解。与此类似，耐用品生产商将产品出售给其他厂商时所面临的问题是与将产品出售给消费者时面临的问题相同的，因此，本书的分析可以让我们更好地理解生产商所面临的耐用品中间投入的相关问题。

1.2.1　耐用度选择问题研究

耐用度选择、计划废弃、逆向选择、时间不一致和二手市场等问题是耐用品理论研究的基本问题，也是耐用品研究不可分割的组成部分。关于耐用品研究的理论，最先提出的研究问题就是耐用度选择问题。耐用度问题的分析起初是作为投资理论研究的一部分产生的，早在 1934 年，Wicksell 就曾分析过耐用设备的耐用度问题，他建立了一个耐用设备生产成本与设备使用过程中其使用价值逐期消耗的等式：

$$wz = \frac{v}{\rho}(1-\mathrm{e}^{-\rho\theta}) \quad (0<w<1,\ 0<\rho<1) \tag{1-1}$$

式中，z——耐用设备在生产过程中的生产资料投入，即成本；

$\quad\ \ v$——耐用设备的实际使用价值；

$\quad\ \ \theta$——耐用设备每个使用周期后仍能提供的使用价值占耐用品原始价值的比例，即耐用度；

$\quad\ \ w$——耐用设备生产成本的剩余比例；

$\quad\ \ \rho$——折现率或银行利率。

由于新、旧产品所提供的服务是有区别的，那么就可以认为在不同的使用周期里存在一个关于新产品的服务逐期流动的比例，为了建模分析的方便，可以认为产品每期提供的服务比例是固定的，这个比例就是耐用度。20 世纪 50 年代，张伯伦研究了垄断厂商对耐用度的选择问题，他指出由于耐用品具有长期的消费性，为了实现利润最大化，理性的厂商有降低耐用度的预期。20 世纪 60 年代末期，相当数量的学者考虑了耐用品垄断厂商是否会与其有竞争力的生产者选择相同的耐用度，换言之，即厂商是否会选择市场上最优水平的耐用度，研究结果是耐用品垄断厂商会选择比竞争对手低的耐用度，更有甚者，会选择一个比市场最优水平更低的耐用度。Levhari 等(1969)证明了当边际成本上升的时候，垄断厂商通常会生产耐用度较其竞争对手或市场均衡水平更低的产品。Kleiman 等(1966)也得到了相似的结论。而到了 20 世纪 70 年代早期，以 Swan(1970，1971)和 Schmalensee(1974)为代表的学者通过一系列的研究否定了这一结论。他们把目光聚焦于市场结构对产品耐用度选择的影响上，指出垄断厂商或不完全竞争的厂商不会把耐用品的耐用度降低到有效成本最小化的水平之下，并且断定耐用品的耐用度选择不会受市场结构的影响。

为了理解 Swan 的观点，首先需要提出这样一个假设，即 1 单位的耐用品需要在有限的 N 个周期内提供相同量的服务，然后这个耐用品就变得毫无使用价值。很显然，这里耐用度的选择就是确定 N 的大小。

$$P_N = p \int_0^N e^{-rt} dt = \frac{p}{r}(1 - e^{-rN}) \tag{1-2}$$

式中，P_N——拥有 N 个生命周期的耐用品的总价值；

　　　p——耐用品所提供的每单位服务的价值；

　　　r——折现率或银行利率。

在现实市场中，能够具有这样特征的产品就是电灯泡。因此，假设垄断厂商将电灯泡销售给消费者，并且垄断厂商在产量和耐用度的选择上是稳定的。如果消费者只关心他们用了的电灯泡的数量而不注意每个电灯泡使用时间的长短，那么垄断厂商在选择产量和耐用度的时候会考虑以最小的成本生产其产品。换言之，尽管垄断厂商生产了耐用度比市场最优耐用度水平还低的灯泡，但其产品也不会在耐用度方面失真，因为垄断者会以最小的成本生产，并且由于垄断地位的原因，他会将产量控制在最优数量以下。然后，对于垄断生产者来说，在确定了电灯泡产量的前提下，他所选择的耐用度就是市场最优的耐用度水平。更进一步来分析，在大多数情况下，这样就意味着耐用品垄断生产商会与不完全竞争产业中的耐用品生产商做出同样的耐用度选择。

Swan 不是单纯为了指出耐用产品每个使用周期提供相同的服务直到耗尽其使用价值这一情形，而是为了指出其给定的假设与 Wicksell(1934)的观点具有一致性，即"耐用产品的服务流量是与耐用品厂商的库存量成正比的"。为了理解其含义，不妨假设耐用品垄断厂商有两个选择。第一个选择，垄断厂商可以生产随时间贬值的产品，当第一个使用周期过后，它的使用价值只是新产品的一半；而第二个使用周期过后，它就变得没有使用价值了。第二个选择，垄断厂商也可以将产品生产为，当第一个使用周期过后，它的使用价值只是新产品的四分之一；而第二个使用周期后，它同样没有了使用价值。根据稳定性的观点，耐用品在每期所提供的服务流是相同的，也就是说，无论耐用品厂商选择第一种生产模式还是第二种生产模式，不管生产产品的数量多还是少，对于每一个产品而言，在第二个使用周期过后，它都将不再有任何使用价值。Swan 指出，在这样的假设前提下，一些旧产品在第二个使用周期里就会完全替代新产品，如果按照正常的逻辑推理的话，耐用品垄断厂商当然就会将其产品的耐用度定位在尽可能以最小的成本生产出能提供相同服务的产品的水平上了。

20 世纪 70 年代，大量的研究是针对 Swan 的结论的，他们忽略了 Swan 的一些特定假设来进一步验证其正确性。Barro(1972)假设消费者与垄断厂商有着不同的折现率，Schmalensee(1974)和 Su(1975)引入了维护成本，而 Auernheimer 等(1977)引入了短期非持续规模收益。他们没有得到其他更新的结论，而所有的研究都验证了 Swan 的结论的正确性。但是，一个不太符合耐用品市场现实的结论是，Swan 认为一定数量的旧产品是可以完全替代新产品的。然而，如移动电话、电视机、冰箱和烤箱等产品，消费者是无法相信旧产品会完全替代新产品所能提供的服务的。如果在这样的假设前提的指引下，消费者会把新、旧两类产品的使用价值等同起来，这样一来二手市场就失去了其存在的意义。因此，Waldman(1996a)、Hendel 等(1999a)提出了相反的观点，他们假设新产品和旧产品间存在着不完全替代的关系，他们之间的替代性取决于产品的质量，而且耐用度被作为度量耐用品质量好坏的因素被引入建模中。在此期间，不少学者(Kim，1989；Anderson et al.，1994)也曾把耐用度这个因素引入模型中。这些模型还假设消费者可以把他们买到的产品的质量与二手市场中产品的质量进行比较和评估，这一假设就树立了二手市场的角色，这样，耐用品从生产出来那一刻起，随着其服务质量的转变，它可以被出售给有不同消费需求的消费者。

这些分析的主要结论是引导耐用品垄断厂商增加产品耐用度方面的投资，结果旧产品的质量都相对较低。如果按照新、旧产品是可以替代的逻辑来思考问题，即使是二手市场中有瑕疵的旧产品也会影响垄断厂商手中的新产品的价格。通过把产品耐用度降低到市场最优平均水平以下，从而使旧产品的质量降低，因此，降低了新产品和旧产品的替代度，这就给垄断厂商提高新产品的价格留出了空间。关于耐用度的市场最优水平，曾有学者(Hendel et al.，1999a)对耐用度两种不同的选择进行过比较，他们提出耐用度可以低于、高于或者等于最优水平。然后，Waldman(1996a)通过比较，得出厂商实际上选择的最优产量是建立在次优的耐用度的基础上的。通过这个比较，学者们认为，耐用度的选择经常是低于最优耐用度的。此外，Hendel 等(1999a)认为垄断厂商降低耐用度还另有原因，即最优耐用度方程是有关旧产品消费者对产品的平均估值的函数，而二手市场中产品的价格是由旧产品的边缘消费者的估值决定的。这个原因的产生要追溯到 Spence(1975)的相关研究，他的文章是有关垄断厂商质量选择问题的，他认为垄断厂商会将单一质量水平的产品出售给在质量方面要进行评估的消费者们。

与 Waldman(1996a)的分析相近，还有一些学者(Mussa et al.，1978；Maskin et al.，1984)针对垄断厂商将不同质量的耐用品出售给要对产品进行评估的消费者进行过研究。通过研究发现，垄断厂商将低于社会最优耐用度水平的产品出售给对产品质量预期低的消费者，因为只有这样垄断厂商才会将高质量的产品以较高的价格出售给对产品质量预期高的消费者。在耐用品问题的研究中，可以这样认为，如果垄断厂商的生产线太陈旧的话，新款产品因被赋予了新功能，其质量自然就比用旧生产线生产出的产品高，因此，Waldman，Hendel 和 Lizzeri 等在研究中提到的降低耐用度进而降低旧耐用品的质量，就与生产线定价问题的相关研究有着相类似的地方，即二者都相当于将低质量的产品销售给了对产品质量预期低的消费者。

为什么说新生产线的引入会与降低耐用品的耐用度有着相同的作用呢？我们不难发现，耐用品垄断生产者凭借其市场权威可以降低旧产品的质量从而将这部分能量转移到提高新产品的价格上来。实现这个目标的一个途径是通过降低新产品的耐用度来降低产品本身的质量；另一个途径就是频繁地推出新款产品，让消费者感觉旧产品的质量没有新款产品好。为了研究这个问题，学者们假设消费者更倾向于使用最新款式的产品。这个假设是成立的，原因在于现实的市场中，消费者并非一定需要新款产品，而是新款产品的一些新功能是旧款产品无法替代的（Pesendorfer，1995），这样垄断厂商就可以理所当然地提高新款产品的价格。为了实现耐用品垄断利润的最大化，厂商们有着这样的动机，即降低甚至让二手市场中的旧产品失去替代新款耐用品的使用价值，从而达到废弃旧款产品的目的。

1.2.2　逆向选择问题研究

"逆向选择"（adverse choice / adverse selection）在微观经济学理论中的含义十分丰富，但从一般定义上理解是指由于交易的双方所掌握的信息不对称而引起的因市场价格下降导致的劣货驱逐好货，进而使市场中待交易产品平均质量下降的现象（Akerlof，1970）。在现实市场中，往往会存在一些与经济理论相违背的现象。从经济理论角度理解，商品的价格下降，该商品的需求就会上升；提高商品的价格，该商品的供给也会提高。然而，有时候，由于信息的不对称，商品的价格降低了，消费者也不会增加购买；价格提高了，生产者也不会增加产品的供给。所以，在微观经济学理论研究中，这些现象称为"逆向选择"。

对逆向选择问题的研究始于 20 世纪 60 年代，其中，Akerlof（1970）的研究比较突出，他的研究是在市场信息不对称的前提下展开的。虽然其研究不够完美，但是他的研究主要是建立在二手汽车这一与现实很贴近的市场上的，所以其论断的潜在重要性是不可忽视的。Akerlof 的模型可以被理解为是供求问题，其模型假设卖方详细地知道自己出售的旧小汽车的质量，而买方不了解旧车的质量状况，也没有使用过旧汽车。但是，供需双方都知道用于销售的旧汽车的平均质量水平。Akerlof 还假设买方对旧车的价值的要求要高于供给者，而且所有的旧车都将被用于交易。他指出，由于假设前提是市场信息不对称，那么这样就达不到所有的旧车都用于交易。因为旧车的价格会影响销售中的旧车的平均质量，所以拥有高质量旧车的卖家就不会同意以现有的市场平均价格水平低价出售自己的汽车。

Akerlof 的观点除了指出旧车市场的交易无法以高效的水平进行外，他还解释了下面这个有趣的现象。尽管许多旧车的交易是通过中间商进行的，但是还是有很多交易是在朋友、亲戚或熟悉的人之间进行的。如果在一个信息完全的市场中，如此的交易会更加让人不解，因为旧车会卖给最了解车的真正价值的人，而我们又很难相信，卖旧车的人就一定会把车卖到他的朋友、亲戚和熟悉的人手中。如果是信息不对称的市场并且存在逆向选择现象，上面的那种理想状况就更是无法实现了。所以，在考虑信息因素的情况下，就只有低质量的旧车会被交易，并且价格只会影响那些待出售的且质量水平很一般的旧车。这也就意味着拥有高质量旧车的卖方会把车卖给他的亲戚和朋友等那些真正知道他车的质量的人。

在此期间，也有部分研究是建立在实践经验基础上的，Bond (1982，1984) 通过调查垃圾收集车市场发现旧车市场具有逆向选择行为，而 Genesove (1993) 研究发现二手小汽车拍卖市场也具有逆向选择行为。随后，Porter 等 (1999)，Emons 等 (2002) 以及 Gilligan (2002) 都发现在移动通信市场和商用飞机市场都存在逆向选择行为。

虽然上述的研究对经济学的研究有着重要的贡献，但是它们对耐用品理论的意义却很小。因此，一些学者们开始用更丰富的模型把新、旧耐用品的研究联合起来，用于丰富耐用品理论的研究。Kim (1985) 较早地建立了新、旧耐用品的逆向选择模型，他认为在二手市场中进行交易的旧产品的质量可能会比在第二期未被交易的旧产品高，也有可能低。但是他没有指出在信息不对称情况下的交易量是否会大于在完全信息下的交易量。随后，Hendel 等 (1999b) 也就存在逆向选择特征的二手市场建立了一个新、旧耐用品模型，他们进一步肯定了 Akerlof 有关逆向选择将导致二手交易无法进行的研究结论。而与 Akerlof 的研究不同的是，他们分析得出单一个体消费者对某一单独的耐用品的估值都依赖于这一耐用品的质量。结果，估值高的消费者购买新产品而把旧产品卖给估值低的消费者，也就是说，尽管售出旧产品的卖家对产品的质量估计较高，但是他们发现售出旧产品是最优的，其原因是一旦他们售出了旧产品，购买新产品将是他们较好的选择。这样建模有助于分析新产品市场和二手市场的联系，二手市场的产品价格会直接影响到消费者们对新产品价格的预期，二手市场销量的增加将引起消费者们对新产品的兴趣，可见，卖新和买旧是互补的两种行为。另一个有关旧产品逆向选择效应会影响新产品市场的重要问题是，旧产品市场中的无效交易会限制新产品市场中的销售价格。结果，利润最大化的销售商会希望其新产品在销售过程中能够尽量避免由逆向选择所带来的不良影响，实现利润最大化。Hendel 等 (1999b) 在其研究中忽略了市场结构这一问题，而仅假设每期进入新产品市场中的产品数量为常数。这一时期的学者们并没有研究租赁对二手市场逆向选择的影响作用。然而，通过后人的研究，我们会发现租赁策略其实是会限制旧货市场的逆向选择行为的。

对耐用品市场销售和租赁策略的研究，主要集中在 20 世纪八九十年代。包括耐用品市场在内的绝大多数市场都具有周期性销售的特性，即短期价格的下降会带来销售量的上升。Salop 等（1982）曾经建立了与非耐用品市场相关的周期性销售模型，那么为什么耐用品市场中的厂商也会采取周期性销售策略呢？

Conlisk 等（1984）学者曾通过耐用品垄断厂商的无限期模型解释这个问题。模型中假设在每个销售周期内都会有新的消费者进入，并且新进入的消费者与先前市场中的消费者都会对市场中垄断厂商的产品进行质量水平高低的评估。更进一步，与先前的模型分析相同的是，他们假设耐用品是无限耐用的，因此，一旦购买了市场中的耐用品，这个消费者就将永远离开耐用品市场。此外，他们还假设垄断厂商没有对产量进行承诺，而是在每个销售周期的开始阶段，产量才被确定。在大多数销售周期里，垄断厂商的定价等于对产品估值最高的消费者愿意支付的价格。然而，经过若干个周期后，市场中就会存在相当数量的对产品估值较低的消费者，这时，厂商就会降低价格，并将产品销售给那些对产品估值低的消费者。因此，在绝大多数销售周期里，产品价格是很高的，并且只有对产品估值高的消费者才会购买耐用品，但是，最终价格会下降到对产品估值低的消费者可以接受的范围内。

这个均衡似乎合理地描述了我们注意到的耐用品市场中周期性销售的现象。然而，如果垄断厂商对耐用品未来的销售价格和销量做出了承诺，那么市场又将发生怎样的变化呢？Sobel（1991）运用与 Conlisk 等（1984）的研究中相同的模型对这个问题给予了分析。他也深入地分析了垄断厂商未做出承诺的情况下市场周期性销售的问题，并且发现如果垄断厂商存在先前承诺的情况，市场将不再存在周期性销售的现象。当市场中对耐用品高估价的消费者的比例较高时，厂商会在每个销售周期里确定一个较高的价格，并且耐用品只出售给高估价的消费者；当市场中对耐用品高估价的消费者的比例较小时，垄断厂商会定一个低价格，并且以这个价格把产品出售给估价高的和估价低的两类消费者。或许我们要问，为什么在前一种情况，厂商没有阶段性地降低价格将产品最终销售给低估价的消费者呢？原因是，阶段性的降价同时也会降低高估价消费者们的购买意愿，最终导致产品的整体利润下降。

Sobel（1991）还以寡占市场为侧重点，对 Conlisk 等（1984）的研究进行了深入分析。他指出在寡占市场中的周期性销售均衡与先前对垄断厂商无承诺情况下所得到的均衡相似，即在绝大多数销售周期里，厂商定价高，并且将产品只出售给高估价的消费者，但是随后厂商就会周期性地降低产品价格并将产品出售给低估价的消费者。其道理不言而喻，随着市场中低估价消费者数量的增加，整体销售利润也会随着出售给低估价消费者产品数量的增加而不断增加，这就是厂商最终降价的原因。

有关耐用品生产商是否采取策略降低旧产品的可用性问题的研究最早出现在Swan(1980)的文章中，他指出由于耐用品最初的定价会反映其未来转入二手市场后的定价，旧产品的可用性并不会减少垄断厂商的最终利润。当垄断厂商出售诸如移动电话这样的耐用品时，起初购买电话的价格只会反映电话所能提供服务的净价值，如果进入二手市场，这个净价值可能会转嫁到这个移动电话未来的使用者身上。二手市场中互相竞争的零售商们可以在摆脱产品最初的垄断厂商的约束后，无限制次数地买卖移动电话。但是，在20世纪90年代末期的一些有关耐用度选择问题的研究中，学者们(Waldman，1996a，1997；Fudenberg et al.，1998；Hendel et al.，1999a)却指出Swan等(Swan，1980；Rust，1986)的研究忽略了一个重要的因素。由于新、旧产品之间存在潜在的替代性，所以旧产品的可用性降低了垄断厂商手中的新产品的价格。而垄断厂商应对这个问题的市场策略就是降低新产品的耐用度，由此导致的旧产品质量的下降将会降低新、旧产品间的替代性，从而厂商就可以提高新产品的价格。此外，还有一种可能性就是垄断厂商甚至通过新款产品的研发，让旧产品的可用性被完全消除，所带来的回报是让新款耐用产品的价格提升到更高的水平。在有关耐用品问题的早期研究中(Benjamin et al.，1974；Miller，1974；Liebowitz，1982；Levinthal et al.，1989)，也曾涉及过相似的问题。在那些研究中，学者们采用了特定的需求方程，并且认为在特定的条件下，降低旧耐用品的可用性确实会增加厂商的利润。然而，由于这些分析是基于需求方程展开的，假设前提是否可靠呢？学者们从消费者效用的角度分析，得知需求方程的假设前提对于降低旧产品的可用性方面是很必要的，并且可以很容易地使厂商的利润提高。此后，Anderson等(1994)在类似问题的研究中还提到垄断厂商会有意增加二手市场中销售商的交易成本，Hendel等(1999a)的研究也考虑到了这个问题。

在耐用品市场中，还存在着一种只租赁、不出售产品的市场策略，这就是纯租赁策略。这种市场策略没有得到后人的广泛推广，但是，这种现象在耐用品市场的发展历程中，曾经的确存在过一段时间。在1953年之前，美国的联合鞋业公司，就曾采取过单纯租赁其制鞋设备的策略。但是，在1953年法律禁止了这种凭借其垄断力量所采取的单纯租赁行为(Kaysen，1956)。IBM公司也曾在1956年的时候采取过单纯租赁其计算机的市场策略，而随后，它便按照法律的要求采取销售与租赁并存的市场策略，但是，IBM却对不同需求的消费者采取不同的定价方式，从而使更多的消费者去选择租赁而不是去购买计算机(Soma，1976；Fisher et al.，1983)。Posner(1976)指出，单纯租赁策略是Coase的时间不一致问题的反映，为了避免时间不一致问题可以采取短期租赁策略(DeGraba，1994)，而联合鞋业公司却采取租赁策略长达17年，最终必定被法律制裁。此后，Waldman(1996a，1997)和Hendel等(1999a)认为这些厂商采取单纯租赁策略的目的是为了降低旧产品的可用性，因为他们可以很方便地废弃掉他们认为用得比较久的耐用品中的一部分或全部。

为什么垄断厂商不采取回收或者废弃的策略降低旧产品的可用性，而是单纯采取租赁策略呢？Waldman（1997）详细分析了这个问题，他指出如果厂商在出售新产品的时候无法承诺其回收旧产品的价格，由于时间不一致问题的存在，回收或直接废弃产品就不会在降低耐用品可用性方面起作用。通过其理论推导，得知当回收期限到来的时候，厂商会因缺乏回收动机而让旧产品继续使用。在 20 世纪 90 年代后期，耐用品垄断厂商尤其重视租赁策略的实施。例如，在 1990～1998 年，美国的小汽车租赁市场占有率从 7.3%上升到 29.2%（Waldman，2003）。究其原因，理论界给出了两种解释。首先，商业界认为，租赁是削减消费者月支出的一种途径（Woodruff，1994）。Woodruff 还指出，由于消费者缺乏远见或是不健全的资本市场，租赁这一市场策略使得消费者都能负担新产品的使用。但是，对于高收入的消费者来说，租赁行为与其收入水平似乎不是很匹配，这就显现出 Woodruff 的租赁与消费者收入呈正相关的论断存在问题（Aizcorbe et al.，1997）。其次，还有一种解释认为，1986 年一系列的税收改革法案使得购买耐用品的税收增加，致使消费者都不愿意购买产品，从而使得租赁市场得到发展（Crocetti，1988；Auster，1990）。

进入 21 世纪，学者们认为租赁市场的繁荣还有其他的原因，他们认为租赁行为是对逆向选择的一种反映。Hendel 等（2002）与 Johnson 等（2002）分别从垄断和竞争两个角度对这一问题给予解决，得到的结论也近乎相同，即逆向选择起因于消费者对旧产品销售者手中的产品信息了解不全面，但是，租赁可以避免这个问题的出现。因为租赁过后质量不好的耐用品又会被退回到销售者的手中，对于销售商来说就没有什么不为人知的私人秘密了。在垄断的市场环境下，租赁是耐用品厂商的最优选择，因为租赁避免了二手市场的低效率，并且增加了消费者的支付意愿，与此同时，垄断厂商的利润也会得到提高；同样，在竞争的市场环境中，租赁是消费者的最优选择，因为在竞争的市场环境中，销售使厂商们的均衡利润为零，消费者也没能得到社会福利的提高，所以，租赁避免了改善消费者福利上的低效性。

上面这些解释，在现实市场中都得到了很好的事实验证。因为是租赁而不是销售避免了逆向选择，这就暗示了用于租赁的旧产品在其是崭新的时候是可以比其变旧后卖得更昂贵一些的。而逆向选择的结果是只有低质量的旧产品被用于交易，但是如果避免了逆向选择问题，那些高质量的旧产品也就可以用于交易了（Desai et al.，1998）。与此类似的观点认为，由于租赁避免了逆向选择问题，因而交易量也得到了增加，这表明用于租赁的新产品在使用者手中停留的时间会变得更短，然后很快就会到新的使用者手中（Sattler，1995）。

租赁虽然避免了逆向选择问题的出现，但是它也提出了两个值得思考的问题。

第一，在新产品的租赁合同中如何确定回收价格(回收价格，是指在租赁合同中确定的租赁到期时出租方重新购回产品的价格)(Hendel et al.，2002)？他们还指出，耐用品使用了一段时间以后，出租者和租赁者间对于产品质量的看法就会存在差异，垄断厂商采取回收策略的目的是以较低的价格回收旧产品，然后通过再次出租形成一个差额来增加其整体利润。就有效回收问题，Johnson 等(2002)提供了又一解释。他们通过竞争模型，提出了与 Akerlof(1970)相对照的观点。他们认为，经过一段时间的使用后，高质量的旧产品的磨损是很小的，如果就这样让它们退出交易是很低效的。相反，回收旧产品可以使这些高质量的旧产品在租赁合同到期后得到回收。值得注意的是，Johnson 等认为，只有高质量的旧产品才应该被以很高的价格回收，这是与实际市场情况相符合的。

第二，为什么租赁市场在 20 世纪 90 年代末期如此繁荣呢？Hendel 等(2002)认为，这主要是因为这个时期一些高档生活耐用品的耐用度得到了明显改善的缘故。就如同一辆汽车被使用了相当长一段时间后，如果其质量没有明显下降，司机会更喜欢驾驶这辆汽车。这就意味着耐用度的提高加剧了逆向选择问题，而租赁策略减少了逆向选择问题，耐用度的提高使得被租赁出去的产品得到更加频繁地使用。

此外，Johnson 等(2002)在其模型中还考虑了在产品使用中耐用品租赁者不能对产品进行充分维护的道德因素。他们认为，用于租赁的耐用品更加耐用并且故障很少的一个重要保证，就是使用者能够有道德地按合同中的约定去有计划地定期维护这些产品。这也表明，在租赁合同中，对于那些定期维护耐用品的条款的约定显得十分重要。租赁市场繁荣的原因也可能是由于用于租赁的产品在整个使用过程中被维护得非常好，从而更加可靠耐用。

1.2.3 时间不一致问题研究

时间不一致问题是指将来要销售的耐用品会影响当前已经销售出去的产品的未来价值，耐用品垄断厂商都无法避免地要面临这一问题。由于垄断厂商缺乏承诺能力，时间不一致性就成了外生因素。Coase(1972)曾猜想，当一个销售耐用品的垄断厂商面临动态的承担义务问题时，他会从根本上改变这些耐用度选择模型。Coase 认为，处于垄断地位的耐用品销售商会让当前的消费者相信他们不会在未来承担资本损失的责任，因为垄断厂商会采取降价的策略来销售出更多的产品。因此，Coase 推测，消费者所拥有的先前购买的耐用品会对垄断销售商在未来的销售形成威胁。耐用品垄断厂商面临的这一时间不一致问题的产生，是由于厂商未来售出的耐用品会影响当前销售产品的未来价值，并且厂商缺乏承诺能力，无法内生化这一外生因素。Bulow(1982)在随后的建模研究中，考虑到了耐用品垄断厂商分别采取租赁和销售两种市场策略下的两期不同产量。

（1）租赁策略下的两期不同产量关系式为

$$\max_{q_{1R},q_{2R}} q_{1R}(\alpha - \beta q_{1R}) + \frac{(q_{1R} + q_{2R})[\alpha - \beta(q_{1R} + q_{2R})]}{(1 + \rho)} \tag{1-3}$$

式中，　q_{1R}, q_{2R} ——垄断厂商在租赁策略下两期的产量；

　　　　α 、 β ——常数；

　　　　ρ ——利率。

求得

$$q_{1R} = \alpha / 2\beta; q_{2R} = 0$$

（2）销售策略下的两期不同产量关系式为

$$\max_{q_{1S},q_{2S},c} q_{1S}(\alpha - \beta q_{1S} - c) + \frac{q_{2S}[\alpha - \beta(q_{1S} + q_{2S}) - c]}{(1 + \rho)} - F(c) \tag{1-4}$$

式中，　q_{1S}, q_{2S} ——垄断厂商在销售策略下两期的产量；

　　　　c ——边际成本；

　　　　$F(c)$ ——固定成本。

求得

$$\begin{cases} q_{1S} = \dfrac{2}{5}\dfrac{\alpha}{\beta}, \ q_{2S} = \dfrac{3}{10}\dfrac{\alpha}{\beta} - \dfrac{c}{2\beta}, & 0 \leqslant c \leqslant \dfrac{3\alpha}{5}; \\[3mm] q_{1S} = \dfrac{\alpha}{\beta} - \dfrac{c}{\beta}, \ q_{2S} = 0, & \dfrac{3\alpha}{5} \leqslant c \leqslant \dfrac{2\alpha}{3}; \\[3mm] q_{1S} = \dfrac{1}{2}\left(\dfrac{\alpha}{\beta} - \dfrac{c}{2\beta}\right), \ q_{2S} = 0, & \dfrac{2\alpha}{3} \leqslant c \leqslant 2\alpha; \\[3mm] q_{1S} = 0, \ q_{2S} = 0, & c \leqslant 2\alpha \end{cases}$$

Bulow 通过研究发现，垄断厂商采取租赁策略时的产量是独立于市场结构的，而在采取销售策略时，其产量不再独立于市场需求等其他因素。为了实现垄断利润的最大化，垄断厂商会在固定成本方面减少投入，而相应增加在每一单位产品上的投入，从而提高耐用品的价格。在此后的研究中，Bulow(1986) 还发现，当垄断厂商采取销售策略时，如果能够在第一期生产前就考虑到第二期的销售状况而承诺其首期的产量，那么厂商最大化其利润的策略是在第二期不销售产品，而在第一期以垄断价格售出其所有产品。但是，如果现实真是这样的话，那么消费者就不会愿意在第一期以垄断价格购买产品。原因是消费者会认为垄断厂商在第一期售出其全部产品后，在第二期仍然会生产额外的耐用品，这样，消费者先前购买的产品的价值就会大打折扣。结果，第一期的垄断厂商就会降价销售，整个垄断利润也就减少了。Bulow 进一步指出垄断厂商可以通过租赁策略来避免这一问题的产生。不难理解，采取租赁策略后垄断厂商仍然可以拥有已经用过的旧产品，因此，垄断厂商第二期的市场行为对旧产品的影响就被其自身内部化了。

20 世纪 80 年代的大多数研究都是围绕 Coase 猜想正确与否展开的，例如，

Stokey(1981)，Gul 等(1986)，Ausubel 等(1989)。他们主要的结论都是进一步证明了 Coase 猜想的正确性，前提是消费者的决策不受垄断厂商先前的声誉影响。然而，Ausubel 和 Deneckere 指出，如果存在垄断厂商先前坏声誉的影响，那么其生产产品的边际成本不会小于消费者对产品价值的最低估计，这一均衡会一直存在直至垄断厂商完全恢复其垄断能力。20 世纪八九十年代的有关耐用品的文章大都在关注 Coase 猜想的科学性，他们通过放松模型中的假设来验证其是否成立，但是所有的研究都没有提到租赁策略可以解决时间不一致难题。其中，Bond 等(1984)指出，产品的折价和替代销售可以使垄断厂商放弃削价的意向，Kahn(1986)通过对连续的边际成本的假设也得到了相似的结论。而 Bagnoli 等(1989)及 Levine 等(1995)认为当产量是非连续函数时，垄断厂商也不会采取削价的策略。随后，Bulow(1986)进一步拓展了他早期的研究，并认为耐用品垄断厂商可以通过降低产品的耐用度来减轻时间不一致问题。Butz(1990)则认为通过最优价格条款、最满意客户条款等契约条款可以改善时间不一致问题。然而，Karp 等(1996)以及 Kutsoati 等(2001)却考虑垄断厂商是否可以通过在最初采取一个较落后的高成本的工艺来减轻这一时间不一致问题。此后，Waldman(2003)指出，Coase 的时间不一致问题似乎考虑得有些局限，并且对这一问题的大多研究都是假设厂商承诺的未来的产品价格和产量无法实现，但事实上正如 Butz 的研究所探讨的，厂商未来的价格和产量是可以承诺的。例如，垄断厂商是生产纪念币的，那么他就可以在现在和将来的任何时候都能销售出完好的耐用品，并且其价格也不会下降到成本的水平上。其原因就是垄断厂商可以通过"限量发行"这个契约来承诺其未来的产量。这充分说明 Coase 的假设有助于理解现实市场中的一系列重要问题，即契约条款的存在避免了时间不一致问题。

此外，Waldman(2003)还指出，垄断厂商对于新生产线的引进以及新款耐用品的采用，是以降低新、旧产品的替代度为目的的"计划废弃"策略，实际上也是时间不一致问题的体现，并且对于新产品采用问题的研究使得时间不一致问题显得更有意义。

20 世纪 60 年代到 20 世纪 80 年代的绝大多数与耐用品相关的研究文献中，都忽略了新产品的采用这个问题。这个疏忽是不容小觑的，因为几乎每种耐用品市场都存在着新款产品不断改良和老款产品不断淘汰的特点。的确，新产品的采用对于耐用品市场来说是有着深远意义的。20 世纪 90 年代以后，相当一部分学者已经开始意识到对这一问题研究的重要性。

在此期间，已经有一部分研究是有关给定的新采用产品的定价问题的(Levinthal et al.，1989；Fudenberg et al.，1998；Lee et al.，1998)。这些成果中，最为严密的是 Fudenberg 和 Tirole 的研究。他们建立了一个耐用品垄断厂商的两期模型，并且假设耐用品是完全耐用的，但是第二期生产的新产品的质量要明显高于第一期生产的新产品。更进一步来理解，在他们的模型中体现出了消费者在质量评价方面的变化。他们的研究结论与前文中耐用度的分析相似，即二手市场中的旧产品失去了它们对新款产品的替代能力。在有关耐用度的分析中，新、旧产品是不完全替代关系，因为产品的质量是会随着时间的流逝逐渐下降的。这样就使新、旧产品的价格产生了联系，也因此引出了一系列的结论。其中之一，就是有关耐用度的分析。在 Fudenberg 和 Tirole 的研究中，由于新款产品在质量方面的改进，新、旧产品是不完全替代的，他们的结论与先前学者们得到的由于新产品在质量上的明显提升而使定价也相应提升的结论相似，这些结论也都源于他们在有关价格和产量决策中的种种暗示。

另一个重要的概念是"计划废弃"，它最早由 Waldman（1993，1996b）提出，在 Choi（1994）、Fishman 等（2000）、Kumar（2002）以及 Utaka（2006）的研究中也涉及了这个概念。"计划废弃"指的是厂商削减在产品耐用度方面的投入，使其耐用水平低于能满足消费者福利的水平（Swan，1972；Bulow，1986；Carlton et al.，1994）。但是 Bulow（1986）也指出，"计划废弃"不仅仅是降低产品的耐用度，诸如新产品的采用或者降低新款产品与旧版本产品的兼容性等手段也是计划废弃的体现。在研究中，他们还指出新产品的采用也是为了解决时间不一致问题，这就与 Coase（1972）的研究很类似。Coase 在研究中指出，垄断厂商无法解决后面周期销售出的产品对先前出售的产品价值的影响，垄断销售商无法承诺他们会在后面的销售周期中出售更多的产品，而正是由于这个原因他们整体的销售利润减少了。在 20 世纪七八十年代的有关计划废弃的研究中，指出了与新产品采用相似的问题。新产品的采用会降低旧款产品的使用价值，从而导致产品被废弃。因此，这就与耐用品垄断厂商在后期销售更多的产品而最终使其整体的利润减少一样，垄断厂商在后面的销售周期内推出过多高质量的新款产品同样会导致其整体利润的减少。

Waldman（1996b）在文章中对"计划废弃"的概念给予了具体的分析，所建立的模型与 Fudenberg 等（1998）的模型相似。但是，他对第二个销售周期中新款产品的质量给予了内生化，后来的一些学者也对此给予了肯定，并在研究中予以引用（Nahm，2001；Ambjornsen，2002）。这里需要特别注意的是，他们在建模时考虑了垄断厂商在第二个销售周期开始前的研发策略，换言之，垄断者在决定提高第二期销售的新款产品的质量的时候，他对于研发方面的投资是在增加的。当厂商在第二期采用高质量的新款产品时，第二期市场中旧款产品的使用价值就会减少，因为先前购买旧款产品的消费者变成了低估值的消费者，如果不采用高质量产品的话这种现象就不会发生。在如此建模的基础上，如果垄断厂商无法在第一期就承诺他将要在第二期研发方面的投入水平，那么，他在研发方面的投入会比做出承诺的投入高得多。这是因为，消费者在第一期预计到垄断厂商要在第二期通过研发投入采用新产品，那么消费者在第一期就不愿意购买新产品，再加之垄断厂商在第二期研发方面的过度投入，这就导致了整体利润的降低。这恰好符合

Coase 的时间不一致问题，但是，如果厂商对耐用产品采取租赁的市场策略就可以避免这一问题的产生。

有关新产品采用的时间不一致问题，显示出 Coase 的时间不一致猜想要比产量选择策略更加有意义。任何影响先前售出的旧款产品使用价值的行为都属于时间不一致问题。例如，研发方面的投资决策会影响旧款产品是否变成废弃品。的确，时间不一致问题要比产量选择更具有潜在的重要性。就如同前面所提及的研究一样，契约条款要求厂商至少在某种程度上承诺未来的产量和价格。与此相反，研发方面的投资规模、种类以及其他形式的未来行为，看上去似乎都很难以强制的方式写入合同。

在此后有关"计划废弃"的研究中，有学者还将社会福利的因素考虑进来。Utaka(2006)认为，耐用品市场存在着旧款式产品的废弃影响，他假设厂商存在两种投资情况，其一，在第一个生产周期投入全部生产资料而在第二个生产周期不再对生产进行投入；其二，在第二个生产周期继续投入新的生产资料来生产新款产品。这里就存在一个时间不一致问题，通过研究发现，生产并出售新款高质量产品在降低使用旧款式产品的消费者效用的同时，还会由于废弃了旧款产品而使市场的均衡产量水平高于社会最优产量水平。

1.2.4 新市场环境影响下的耐用品问题研究

有关耐用品及其相关产品问题的研究，其理论基调都是围绕着耐用品理论研究的三大主流分支展开的，并没有根本性的改变，由于主流耐用品理论研究的三大分支大都建立在较强的理论假设的前提下，而现实中的耐用品市场往往是夹杂着很复杂的因素的。因此，耐用品生产厂商的利润构成也并非是单方面的，在绝大多数情况下，厂商的整体利润是受耐用品同时生产并销售的相关产品影响的。由于许多耐用品的产销策略是受其相关产品和服务影响的，甚至有些耐用品的特性都是由其互补品和替代品所体现的，所以相关产品和服务对耐用品厂商的生产决策和市场策略的选择有着巨大的影响。但是目前对耐用品及其相关产品和服务的研究尚属起步阶段，Kuhn 等(1996)以及 Bhaskaran 等(2005)在研究中纷纷指出，由于缺少对耐用品及其相关产品和服务的研究，使得对耐用品市场的研究很不充分。正如 Bhaskaran 等(2005)在其文章中所写到的那样："在有关耐用品耐用度的文章中，对耐用品与互补品的相互影响问题的关注却很少"。 Bhaskaran 等从消费者效用角度，建立了耐用品垄断市场存在互补产品情况下的耐用品租售策略模型：

$$U(y,\delta) = \delta(v_d - p_d) + \int_0^y \frac{a_c + k\delta + \phi v_d - x}{\gamma} dx - yp_c \qquad (1-5)$$

式中，δ——$\delta = 1$ 表示消费者选择使用耐用品，$\delta = 0$ 表示消费者不选择使用耐用品；

ϕ——消费者对所使用耐用品的评价，$\phi>0$ 表示消费者对耐用品的使用价值评价较高，$\phi=0$ 表示消费者对耐用品的评价很差且不选择使用耐用品；

v_d——消费者消费耐用品所获得的边际效用；

γ——大于零的常数；

p_d——耐用品的销售价格；

p_c——补充品的销售价格；

y——补充品的消费量；

a_c——由于耐用品的消费所引起的补充品的基本消耗量。

Bhaskaran 和 Gilbert 研究了耐用品生产厂商的出售或出租策略是如何被独立的补充品生产商所影响的问题。研究表明，一个耐用品生产商如果选择出租策略的话，将会有动机通过限制耐用品的可得性来实现相应提高耐用品价格的目的。但由于这种投机行为可能会潜在地阻碍补充品的生产，从而使得耐用品自身的出租受到影响，因此，耐用品生产商必须对出售和出租策略进行权衡，需要通过租售混合策略来保证产品不会过剩或稀缺。Bhaskaran 等通过研究发现，起初选择纯租赁策略的耐用品生产商，会在补充品市场供给很充分的情况下选择销售耐用品的策略，原因是销售耐用品可以使耐用品和补充品的销售利润都有所提高，并会刺激补充品产量的进一步增加。

此后，还有为数不多的学者对耐用品及其相关产品问题进行了尝试和探索。Goering（2007）通过建立耐用品与可替代非耐用品的两期数学模型，研究了存在可替代易逝品的条件下，耐用品垄断厂商采取销售策略时，可替代非耐用品及服务对垄断厂商耐用品耐用度选择的影响问题。

在研究中，Goering 指出提供租赁服务的厂商会提供使其耐用品成本最小化的耐用度，并且这个耐用度在选择上是不受非耐用品影响的。因此，Swan（1970，1971）的市场独立性结论对提供耐用品租赁并且同时生产相关非耐用品的厂商同样适用。然而，这一发现对耐用品销售市场并不适用。在耐用品销售市场中，垄断厂商会采取计划废弃策略（生产不经济的短寿命的产品）。他们还发现，当非耐用品与耐用品的互补性很强时，计划废弃的程度高。这表明，在耐用品市场中，如电子产业，鼓励多生产耐用品的互补品的公共政策会导致垄断厂商选择较低的耐用度。

在 Goering（2008）随后的研究中，还将道德方面的因素引入模型中，他通过简单的两期耐用品线性需求模型分析提供耐用品的具有"社会责任"和"受社会关注"的厂商的市场行为。这些厂商有着特殊的目的，比如提高消费者福利，而不是最大化利润的追求者。他利用一个灵活的目标方程，同时体现了受社会关注厂商的商业行为和受社会关注度等方面的因素。这个模型暗示，这些厂商不会在销售市场上特意供给低成本的耐用度。的确，如果受社会关注的厂商不能向他自己的消费者或利益相关者提供可信的承诺，他会生产比纯利润追求者耐用度更低的产品。Goering 同时指出，当受社会关注的厂商生产耐用品时，他们的承诺能力和利益相关者的关注度是决定他们是否"计划废弃"耐用产品的关键。的确，社会的普遍关注对于受社会关注的厂商的存在是把"双刃剑"，因为，当这些类型的厂商转向提供耐用品时，社会的关注会使他们更多地废弃产品。然而，有趣的是一个非营利组织的控制构架在有争议的情况下，对他的利益相关者提供一个比受社会关注的厂商更高水平的承诺时，非营利组织会提供比受社会关注的厂商更耐用的产品。

这些研究为耐用品市场的研究提出了一个新要求，即随着耐用品所处的市场环境不断变化，耐用品问题研究中所应考虑的影响因素也是日新月异的，并且要紧贴现实市场，这也同样是一个将前人的理论研究予以验证并延伸发展的过程。因此，在近几年，学者们对耐用品问题的理论或者实证研究，基本都是结合耐用品市场中的某一现象，并在前人理论研究的基础上进行的。在笔者可查阅的范围内，基本可以从四大角度来阐述这些新市场环境下的耐用品问题研究：耐用品市场中的团购行为；耐用品与汇率、风险问题的研究；耐用品二手市场分期付款问题研究；耐用品电子商务市场研究。

首先，在耐用品市场中，如汽车或者计算机市场，销售与租赁共存是很常见的，就如同团购与单独购买的消费者同时存在是一样的。将产品租赁给团体消费者会影响二手市场中旧产品的价格，也会影响个体消费者的购买和租赁行为。合理配置销售或租赁给个体或团体消费者的产品的价格和数量对于生产者而言是个复杂的问题。Vera 等（2009）假设生产者将有限数目的耐用品同时销售和租赁给个体和团体消费者。并且在建模时，他考虑生产者与消费者间的相互影响是动态连续博弈关系，其中，每个参与者都寻求其自身支付函数的无限大。Vera 等（2009）研究了团体消费者如何引导新、旧产品间的替代，并且交易成本如何在二手市场中影响零售市场中生产者的定价决策、消费者行为和社会福利。经过一系列假设，包括有限数量耐用产品的两期生命周期，他们将马尔科夫均衡作为解决问题的方法，并且指出生产者可以根据消费者的支付意愿来对消费者类型进行市场细分，从而实现其利润的最大化。在零售市场中，销售和租赁是价格歧视的两种机制。他们指出，当生产者租赁大部分份额给团购消费者时，生产者无须协调出售给个体消费者的新产品的最优价格，并且销售给个体消费者的新产品的数量也可保持不变；在生产者提高零租价格的同时，零租的数量会下降；此外，旧产品供给的增加将导致旧产品价格的下降，并且更多的个体消费者可以参与到市场中，而且他们的集体福利和净效用会得到改善。该研究也指出，产品成本上升会使价格提高，并减少所有渠道的产品供应量。当交易成本增加时，生产者在团购和零售的渠道中都会减少采用租赁策略。

其次，在近些年，学者们也开始将期权、汇率和风险等因素考虑到耐用品问题的理论研究中，并对产品耐用度与期望投资回报等问题展开研究。由于耐用品的销售周期要比非耐用品和服务的更长。因此，耐用品生产者的现金流和股票收益遭受着更高的系统风险。结合投入产出基准计算的国民收入和产品数量，Gomes等(2009)构建了耐用品、非耐用品和服务的生产者组合模型。通过截面数据可知，投资策略在耐用品组合中要长，而在服务组合中要短，并且得到了每年4%的溢价。在时间序列中，投资策略在耐用品组合中要长，而在市场组合中要短，得到了反周期的风险溢价，同时还用伴随着产品内生化的一般资产-价格模型解释了这些发现。在汇率与耐用品问题的研究中，Goering等(2009)是很有代表性的，在理论上，耐用品模型显示出垄断者更倾向于租赁而不是出售他们的产品，这是因为卖家对潜在的购买者存在承诺问题。然而，许多耐用品垄断生产者却是同时采用租与售的策略。Goering等为此提供了一个理论依据，来验证参与别国交易的厂商的这一可以观察到的行为。在两期模型中，当期货的预期汇率比当前的低时，外国的耐用品垄断者会同时采取租和售的策略。采取混合策略的厂商会比单纯采取租赁或者销售的厂商获得更多的利润。此外，模型还为实证研究提供了更多的理论支撑，即期权预期汇率的提高会使耐用品销售者提高产品的价格。最后，他们的分析验证了产品耐用度在期权汇率决策与国内产品价格决策中的角色。

再次，近几年很有创新性的一个重要成果是有关耐用品二手市场分期付款问题的理论与实证研究。在新耐用品市场中，分期付款的现象早已出现，但是由于耐用品多周期性的使用特征，目前在二手交易中分期付款的现象也悄然而生，在二手车交易中采用像购买新车一样的分期付款方式受到了消费者的青睐。如此的交易方式在其他耐用产品市场中也很流行，例如，高尔夫俱乐部和 CT 扫描机市场。分期付款在这些市场中扮演着怎样的角色呢？又是什么动机在促使销售者建立一个适合分期付款交易的渠道呢？从直观上可以看出，接受分期付款是可以刺激消费者对新产品的需求的，但是，促进二手产品的再交易同样可以取代新产品而刺激零配件的需求。尽管如此的交易会牵涉数以亿计的销售额，但是从现有的文献中却很少能找到有关这类交易的理论研究(Rao et al.，2009)。

Rao 等(2009)建立了一个涵盖耐用品现实市场关键特征的模型，其基本假设为：①新、旧两种产品共存；②消费者对耐用品的质量存在异质性；③由于新、旧产品的共存，厂商预先考虑零部件配置问题；④由于在二手市场中存在"柠檬效应"行为，旧耐用品的销售者能够更好地获得这一特殊产品的质量信息。

通过分析可知，在二手市场中分期付款策略是受厂商干预的，厂商的干预会由于"柠檬效应"的存在而使交易效率提高。这将促使旧产品的拥有者购买新产品，并且由于低价格而降低持续先前所购买的产品的意愿，后者更容易导致"柠檬效应"。他们也指出，分期付款策略更适用于不可靠的产品和恶化程度慢的产品。耐用品市场的生产者应该从常规角度考虑采取分期付款策略，尽管零部件市场会更依赖于一个更活跃的二手市场，但在"柠檬效应"的前提下，生产者的利润将不可避免的因引进分期付款策略而提高。此外，他们通过美国汽车消费者的交易数据来验证模型中有关价格和交易量的关键假设，为模型提供了实证支持。

最后，耐用品电子商务市场的出现，将耐用品交易市场带入了一个新的层面，从此，耐用品以及旧货市场的交易模式可以不需要中间商的存在，这使得耐用品的交易渠道更加灵活、直接、平滑。旧货市场是当前耐用品的重要交易渠道，对于某些耐用产品，零售商们可以从有旧货的消费者手中买回旧货，然后在可以获得一定差额利润的基础上把旧货卖给新的使用者（此为旧货零售市场）。P2P（peer-to-peer，点对点交易）市场的出现，为旧货交易市场提供了又一平台。平滑的旧货交易渠道可以使新的消费者直接从拥有旧货的消费者手中买到旧货，此为对等旧货市场。这两种市场都对原始的交易市场（即零售商从生产者手中购得未使用过的新产品后，再进行销售）形成了威胁。在存在上面提到的两种类型的旧货交易市场的情况下，Yin（2010）等学者研究了耐用品生产商的产品升级策略以及初级市场零售商在考虑分散的、二元的市场条件下为赢取更多消费者的定价策略。通过分析证实，他们关注的耐用产品部门频繁地升级产品和提高零售价格可以归因于 P2P 旧货交易市场的出现，并且该市场与零售旧货市场相互作用是源于销售渠道中合伙人相关力量的变更。更进一步，与普遍理解相反，最初旧货交易渠道的引入事实上是不鼓励引入新版本产品的，并且还要抑制零售价格。同时，Yin等（2010）也讨论了这两个旧货市场是如何影响销售渠道中合作伙伴的利益的。随后，为了对产品升级策略的理论结论提供实证支持，他们以大学教科书这一耐用品产业的相关数据来支撑所建立的模型。随后，Pathak（2010）又以旧教科书网上市场为例，研究了改进的马尔柯夫模型对二级零售市场的控制问题。互联网的出现已经为消费者之间提供了一个有效的并且更经济的产品和服务交易平台，在线C2C（consumer-to-consumer，个人与个人间的电子商务）市场的流行已经损坏了卖方市场的利益。Pathak（2010）分析了教科书出版商控制旧教科书在线 C2C 市场交易上的策略选择，发现基于文学著作的优先发行权，耐用品垄断者在控制旧产品的销售上有两个主要的策略可以选择：计划废弃和逐渐降价。在研究中，他以旧教科书市场为背景对这两种策略进行验证。以马尔柯夫判定过程为基础建立模型来解决教科书出版商利润最大化的问题。模型很接近实际情况，其中出版商用信息来控制旧教科书的销售，并且用这些信息来定价或者改变收益最大化的内容。

1.2.5　国内耐用品及其相关问题研究

国内对耐用品理论的研究始于 21 世纪，主要集中在对单纯耐用品问题的研究，如耐用品定价、厂商的均衡利润及二手市场等问题。对耐用品的研究比较系统的学者是闫安等（2006a、b，2007，2008），根据耐用品的性质，通过建立动态古诺模型得到了耐用品厂商利润最大化时的长期和短期产量解(闫安等, 2006a)。随后, 他们又对多个厂商同时博弈的动态古诺模型进行修正, 并得到新的产量均衡解, 通过与合作情形下的产量最优解进行比较, 他们得到非合作情形下的产量均衡解和合作情形下的最优产量解都会随着生产阶段数的增加而单调下降, 并且非合作的情形要优于合作的情形(闫安等, 2006b)。而他们在相异成本情形下的耐用品动态古诺模型研究中又发现, 处于成本劣势的厂商可以通过降低竞争对手的利润达到自身的公平性要求, 但这种措施却使得产品竞争加剧(闫安等, 2007)。在此后的研究中, 他们主要是关注耐用品垄断厂商的博弈决策问题研究(闫安等, 2008)。郭哲等(2006)在电子商务这一特定的市场状况下研究了耐用品定价问题; 李承煦等(2008)研究了耐用品二手市场中的消费者行为问题; 吕俊涛等(2009)研究了有进入威胁时耐用品行业厂商的策略博弈问题; 苏昊等(2009)根据耐用品市场的信息不确定性等特征, 通过建立博弈模型研究了耐用品厂商的两期博弈定价问题; 张翔等(2010)通过建立不同消费者类型的耐用品效用模型, 研究了垄断厂商的最优销售定价问题及相关特征。

关于耐用品及其相关产品问题的研究, 国内学者所做的工作比较少。李长英(2004)将非耐用品分为耐用品的互补品和可替代品两类, 通过建立两期的决策模型探讨了非耐用品对耐用品厂商销售或出租行为的影响。研究结果表明, 厂商既可能出租也可能出售其耐用品, 但最终要取决于这两种产品之间的关系, 以及非耐用品的存在时期。随后, 他又将耐用品垄断模型与重复检验许可合同相结合对耐用品垄断的许可问题进行了研究(Li et al., 2008)。

此后, 毛蓉蓉(2009)对存在互补产品情况下耐用品厂商租售策略问题给予了研究。她在存在两个互补品厂商和单个耐用品厂商的情况下, 建立了两个互补品厂商的古诺模型和耐用品厂商的利润模型; 而后又在单个互补品厂商和两个耐用品厂商并存的情况下, 建立了两个耐用品厂商的古诺模型以及互补品厂商的利润模型, 并结合理论推导所得到的结论, 探讨了由于互补品的影响, 耐用品厂商所采取的不同市场策略。最后, 通过软件进行数值仿真, 对得出的结论给予了例证支撑。

1.3 研究中存在有待深入研究的问题

通过对国内外耐用品研究的回顾, 我们很容易发现有关耐用品问题的研究已经取得了众多成果, 但随着耐用品及其相关市场环境的巨大变迁, 已有的研究成果的应用也会受到众多外在因素的制约, 为了使耐用品的理论研究成果更好地指导实践, 我们需要对耐用品及其相关产品的研究进行进一步拓展。本书认为耐用品理论的研究在以下问题上还有待深入:

1）生产商为主导的产品价格决策相关问题的研究

通过前面有关国内外耐用品理论研究众多成果的陈述，我们得知，在已有的耐用品生产和销售决策的相关研究中，有从厂商角度出发的，也有从消费者效用角度出发的。在以生产厂商角度为研究着力点的成果中，大都是把产量作为决策变量来进行研究，如 Bulow（1982）的经典模型就是从产量出发来研究耐用品厂商的不同市场策略，以及东南大学的闫安等（2006a、b，2007，2008）对垄断和双寡头市场中的耐用品短期和长期的最优产量进行了系统的研究。尽管在其他学者的研究中，有考虑到价格这一决策变量对耐用品厂商市场策略的影响，如 Desai 等（1998）、Bhaskaran 等（2005），但在模型的建立上都是从消费者效用的角度出发的。而在体现供求关系的微观经济学经典的需求-价格模型的基础上把价格作为决策变量的耐用品问题的系列研究还不曾发现。价格决策和产量决策是竞争市场中不可缺少的两大决策因素，随着当今市场中产能过剩因素的凸现，厂商的价格决策在市场中的地位也日益提高。因此，有关从耐用品生产厂商出发，并把价格作为决策变量的耐用品理论研究还有待进一步加强。

2）生产商为主导的生产者间竞争相关问题的研究

需要注意的是，我们在回顾国内外研究中提到的文献大都是有关耐用品垄断生产者将产品出售给消费者，但这并不表示那些分析都局限在垄断这样的假设前提下，因为绝大多数耐用品生产者不是垄断者，而是掌握了市场话语权，并且垄断分析也可以提供有价值的见解。然而，如果在模型建立时，考虑两个或者更多的耐用品生产者的决策因素，将会使假设前提更加严密，所得到的博弈结论也将会与现实市场情况更加贴切。因为耐用品市场发展到今天，其产品自身的生产工艺往往已经被多个甚至少数几个生产厂商所掌握，至少寡头竞争的情况是存在于耐用品市场中的。虽然耐用品理论建模研究中考虑多个参与者后，会使得数理推导非常复杂，但是考虑了竞争因素在内的耐用品理论研究对市场的现实指导意义将会是很强的，因此，加强生产商为主导的生产者间竞争相关问题的研究必将使耐用品理论研究更加深入。

3）考虑以旧换新情况的耐用品相关问题的研究

在已有的二手市场和计划废弃的相关文献中，学者们认为垄断厂商不愿采取回收或者废弃的策略来降低旧产品的可用性，而是单纯采取租赁策略。以Waldman（1997）为代表的学者，详细地分析了这个问题，他指出如果厂商在出售新产品的时候无法承诺其回收旧产品的价格，由于时间不一致问题的存在，回收或直接废弃产品就不会在降低耐用品可用性方面起作用。通过其理论推导，得知当购回期限到来的时候，厂商会因缺乏购回动机而继续让旧产品用于使用。即便是可以通过合同来约束厂商确定购回价格，即使有破产的可能，厂商也宁愿选择单纯的租赁策略。

然而，随着耐用品市场的不断发展以及耐用品生产商市场营销理念的不断发展，以旧换新现象已经作为一种很普遍的市场现象存在于耐用品的销售市场之中，例如，2011 年 1 月 1 日～2011 年 12 月 31 日，国家批准了国美电器、京东商城和苏宁电器等家电卖场实施以旧换新政策，并且享受国家相应的购买新家电的补贴，即补贴购买产品总价值的 10%。且不说此行为是政府鼓励引导还是厂商的纯商业行为，单就以旧换新这一现象而言，就应该引起耐用品研究者们的关注，只有这样才能达到理论来自实践并能够科学指导实践的目的。鉴于在已有的耐用品文献中对于考虑以旧换新情况下的耐用品相关问题的研究还很鲜见，因此，在耐用品研究中如果能够考虑以旧换新这一因素的话，无疑是对耐用品理论研究的重要补充。

4) 对耐用品生产厂商市场决策起关键作用的相关产品问题的研究

在现实的耐用品市场中，往往夹杂着很多复杂的因素，耐用品生产厂商的利润构成也并非单方面的，绝大多数情况下，厂商的整体利润是受着与耐用品同时生产并销售的相关产品的影响的。由于许多耐用品的产销策略是受其相关产品和服务影响的，甚至有些耐用品的特性都是由其互补品和替代品所体现的，所以相关产品和服务对耐用品厂商的生产决策、租售策略选择等都有着巨大的影响。Kuhn 等 (1996) 以及 Bhaskaran 等 (2005) 在他们有关耐用品及其补充品的研究中指出，由于缺少对耐用品及相关产品和服务的研究，使得对耐用品市场的研究很不充分。随后， Goering (2007) 在可替代非耐用品及服务对垄断厂商耐用品耐用度选择的影响问题的研究中，对耐用品及相关产品问题进行了尝试和探索。但是目前对耐用品及其相关产品和服务的研究尚属起步阶段，在今后对于这一类问题的研究还有待进一步拓展。

5) 消费者行为对耐用品生产厂商市场策略影响的相关问题研究

在耐用品市场中，消费者往往通过租赁和购买两种方式来获得耐用品的使用权，而在消费者的这些行为中，就会产生影响耐用品生产厂商市场决策的一系列因素。例如，在采取租赁策略的市场中，消费者的道德因素，对于用于租赁的耐用品的使用寿命会产生影响。Goering (2008) 在研究中将道德因素引入模型中，他通过简单的两期耐用品线性需求模型分析了提供耐用品的具有"社会责任"和"受社会关注"厂商的市场行为。但是，其研究角度是从提供耐用产品的生产厂商出发的，而真正意义上的从消费者角度出发的研究还有待进一步发展。再如，在采取销售策略的市场中，消费者的团体购买行为，简称"团购"，是近几年才兴起的一种消费模式。虽然已经有学者在研究中涉及了这个问题，如 Vera (2009) 等研究了团体消费者如何引导新、旧产品间的替代，并且交易成本如何在二手市场中影响零售市场中生产者的定价决策、消费者行为和社会福利。但是，Vera 的模型仅仅是从垄断厂商的角度对"团购"问题进行研究，如果将竞争因素引入模型中，又将会得到哪些对耐用品市场有指导意义的结论呢？这些都为学者提供了研究空间。

6）从消费者类型角度出发的耐用品生产厂商市场策略的相关问题研究

在已有的众多研究耐用品的相关文献中，大都是从耐用品生产者角度对不同类型的市场策略进行研究的，例如耐用品租赁和销售策略是耐用品生产商常用的两种市场策略。然而，随着产品市场的不断发展，差异化定价或者阶梯式定价已经成为市场中厂商常用的一种有效的营销手段。为了使理论研究能够有力地指导现实市场，学者们对租赁或销售市场进行了细分，即便是在价格的制定上，他们也充分考虑到了通过区分消费者类型来制定个性化的产品价格，从而实现厂商利润最大化的目的。不同的消费者对于同一种产品的消费会获得不同的价值，厂商经常根据这一价值理念确定消费者将要消费哪些产品。这一过程是在一系列变化的途径下完成的：通过了解消费者的属性、产品将被如何使用以及通过市场满意度调查来确定厂商将为消费者提供一个什么样的个性化价格。"个性化定价"这个概念，表示厂商在获得消费者的完全信息之后，所实施的让消费者满意的一种定价策略。那么公司如何获得消费者的信息呢？采取个性化定价的厂商在竞争中如何影响均衡质量产品的产出？厂商对消费者的信息的完全把握是减轻了还是加剧了价格竞争呢？实行个性化价格的厂商所面临的问题有哪些？个性化定价是如何影响消费者福利的？这一系列问题油然而生。这些问题在 Choudhary 等 (2005) 的文章中均给予了解决，他们认为适当的定价策略必须既要考虑消费者的意愿又要考虑在特殊市场部门中的竞争，忽略了任何一方都会导致厂商利润的下降。此外，他们还指出，在市场竞争中，厂商增加对消费者信息的把握是可以最终提高消费者福利的。但是，他们的文章仅仅对由单个厂商提供的单一产品的定价策略进行了分析，而没有对多产品情况下的定价策略进行分析。

"个性化定价"所涉及的很多问题都已经得到了解决，如果将"个性化定价"理论与耐用品理论的研究相结合，必将是对耐用品理论研究的重要贡献。张翔 (2010) 等已经发现了对这一问题研究的重要意义，他们基于消费者类型，建立了消费者在耐用品两个服务周期上的效用模型，并分析了新、旧耐用品的市场覆盖，以及耐用品垄断厂商的最优销售定价问题。由于"个性化定价"理论与耐用品理论的结合将产生一系列值得研究的问题，因此，在未来的研究中还有许多后续的工作需要完成。

7) 新市场环境下耐用品市场其他相关问题的研究

随着耐用品所处市场环境的不断变化，在耐用品问题的研究中，所应考虑的影响因素也日新月异，并且要紧贴现实市场。这也同样是使前人的理论研究基础得以验证和延伸发展的一个过程。在近几年的耐用品问题研究中，学者们对新市场环境下的耐用品问题的研究主要集中在：耐用品市场中的团购行为；耐用品与汇率、风险问题；耐用品二手市场分期付款问题；耐用品电子商务市场等方面。但是，研究中所涉及的问题大都是从某一点或某一角度出发的，这都给未来的研究留下了充分的发展空间。

上述七大问题是耐用品研究有待进一步深化的方面，我们应该清醒地认识到，任何一项研究都很难完全涵盖上述七大问题。本书仅涉及了前四个问题，从前人研究中未曾涉及的角度或有重要意义的研究方面对耐用品有待解决的问题进行深入研究。其中，涵盖了在耐用品垄断和竞争情况下生产商的定价问题、存在以旧换新情况的耐用品厂商的定价问题，以及存在易耗部件情况下的耐用品厂商的产量决策与定价决策等问题的研究。

1.4　研究目标与研究内容

1.4.1　本书的研究目标

从前文所阐述的现代耐用品理论研究中未曾涵盖的部分问题入手，本书旨在通过在数理建模研究中引入价格作为决策手段，解决前人研究中所忽视的或在新的市场环境下所产生的耐用品生产厂商定价策略方面的若干问题。运用微观经济学理论和产业组织理论，同时结合运筹学和博弈论等方法，并辅之以 MATLAB 6.0 软件，以国内外耐用品市场的现实表象为依据，在已有的众多耐用品研究成果的基础上，对市场需求信息预测情况下的耐用品垄断厂商的多期定价问题、市场需求信息预测情况下的耐用品厂商的双寡头定价问题、存在以旧换新情况下的耐用品厂商的定价问题以及存在易耗部件情况下耐用品厂商的产量决策和定价决策问题等方面进行深入挖掘。通过理论推演和结果分析，得到对耐用品市场中微观经济体的决策行为有指导意义的相关结论。

1.4.2　本书的研究内容

本书基于先前学者有关耐用品理论研究的众多成果，并结合现实耐用品市场中的新现象对耐用品生产厂商定价若干问题展开研究。由于没有涉及供应链的相关问题，因此，本书将耐用品厂商和销售商作为一个决策主体来对待，即耐用品生产厂商既是耐用品的生产者又是销售者，因为在现实市场中，销售商的价格策略也是受厂商价格制约的，故而，这样假设并不影响理论研究的最终结论。研究中涉及了耐用品厂商视角的定价和竞争问题，以及存在以旧换新情况和相关产品影响下的耐用品生产厂商的定价问题。此外，本书所涉及的耐用品概念，是从现实生活中的耐用消费品中抽象出来的，这样所得到的结论也更加贴近日常生活。本书主要内容分为六大部分，分别对应着本书的第1章到第6章。

第1章，阐述本书的研究意义以及国内外研究现状。首先，通过对现实中耐用品市场环境的分析，提出研究的背景和意义；然后，通过对大量已有的耐用品理论研究文献的总结和评述，较为全面地回顾国内外有关耐用品问题研究的成果，并指出已有研究中存在的有待进一步深入研究的问题，同时介绍本书研究的目标和基本研究内容。

第2章，耐用品垄断厂商在市场需求预测情况下的多期定价研究。在已有的以耐用品生产厂商视角为出发点的建模研究中，将价格作为决策变量的文献还很鲜见。因此，在本章的研究中，考虑将价格作为决策因素，对在需求和预测信息不确定下的耐用品垄断厂商的多期定价问题展开研究。在反映供求关系的经典微观经济学的需求-价格模型的基础上，结合耐用品使用多期性的特性，建立耐用品垄断厂商多阶段线性需求-价格模型，运用动态规划思想，针对市场中普遍存在的需求量信息不确定以及生产厂商市场信息预测不准的问题对耐用品垄断厂商多期定价展开探讨，从而研究耐用品市场需求量的波动及耐用品垄断厂商掌握信息量的多少对耐用品生产厂商的多期最优定价产生的影响。

第3章，耐用品双寡头厂商在市场需求预测情况下的两期定价研究。为了使第2章的研究得以深化，让理论研究更能符合现实市场的情况，本章在理论建模中考虑了竞争因素。通过建立耐用品双寡头厂商两阶段双寡头需求-价格模型，结合动态规划方法以及博弈均衡解的运算，分析耐用品双寡头厂商在耐用品市场需求总量的预测结果与市场需求期望值不对称的状况下，两阶段最优定价的差异性变化，从而达到理论分析对现实市场更具科学指导作用的目的。

第4章，耐用品生产厂商在以旧换新情况下的耐用品定价问题研究。以Waldman（1997）为代表的学者在其研究中指出，由于时间不一致问题的存在，厂商在出售新产品的时候无法承诺其购回旧产品的价格，从而使得回收旧产品的措施无法实施。然而，随着耐用品市场的发展，耐用品以旧换新现象已经普遍存在于耐用家电产品的销售过程中，这也显示出前人的研究在一定程度上也是存在着局限性的。因此，在以旧换新情况影响下的耐用品市场的相关问题的研究也成了耐用品理论研究的一个新发展。在这样的一个研究背景下，本章从消费者效用角度进行建模，对存在以旧换新情况下的耐用品生产厂商的定价问题进行研究。研究内容有：①根据消费者类型分布，从消费者效用入手分析存在耐用品厂商以旧换新情况下的新、老两款耐用品的消费需求结构，发现不同的价格组合内部关系会对应着不同的消费需求结构；②针对不同的消费需求结构，运用规划理论研究垄断生产商新、老两款耐用品的两阶段最优定价问题，得到了系统最优的定价组合，即老款产品在两个阶段的最优销售价格、旧的老款产品在第二阶段的最优回收价格以及新款产品在第二阶段的最优销售价格；③在最优定价组合的基础上对价格的相关特征以及系统最优条件下耐用品性能与价格比的特征进行讨论。

第 5 章，耐用品生产厂商在同时生产易耗部件情况下的产量决策和定价决策问题研究。"计划废弃"策略是耐用品生产厂商所采取的追求最大利润的重要手段，这一观点被 20 世纪末、21 世纪初进行耐用品理论研究的学者们所广为认同（Waldman，1993，1996b；Choi，1994；Fishman et al.，2000；Kumar，2002；Utaka，2006）。随着耐用品市场的发展、对耐用品相关产品的关注，也使得耐用品生产厂商的"计划废弃"策略得到了强化，"易耗部件"其实就是这一类相关产品中的重要一员。然而，在耐用品问题的研究上，关注度还不是很高，本章的研究力求对这一领域的研究起到抛砖引玉的作用，同时也是对耐用品及其相关产品问题的研究进行补充。由于本书不是专门研究耐用品易耗部件问题，因此，本章仅从耐用品生产厂商的角度对存在易耗部件情况下的耐用品产量和定价策略进行研究。

第 6 章，结论与展望。本部分首先对全书进行总结，同时指出本书的主要创新之处，最后，对未来的研究予以展望。

第2章 耐用品垄断厂商在市场需求不确定情况下的多期定价研究

本章首先建立耐用品垄断厂商多阶段线性需求-价格模型，运用动态规划思想，针对耐用品市场需求量不确定及耐用品生产厂商市场需求信息预测不准的问题展开探讨。通过分析，得到在消费者对耐用品价格的预期与耐用品生产厂商对市场的预期不一致的情况下，耐用品需求量的波动及厂商掌握市场信息量的多少将对耐用品生产厂商的最优定价具有影响等方面的结论。根据现实市场状况，对信息不对称下的耐用品定价模型的经济含义进行分析，结果表明模型对耐用品生产厂商的市场决策具有理论指导意义。

2.1 问 题 提 出

2.1.1 耐用品的特性

产品按照耐用性来区分，可分为非耐用品(nondurable goods)、半耐用品(semi-durable goods)和耐用品(durable goods)。非耐用品，也指易逝品，是指使用时间较短，有时可以是一次性消费的产品或服务，如卫生纸、方便袋、墨水等。这类产品单价较低，消耗快，消费者经常需要购买并大量使用，消费者往往希望能在最方便的地方买到。

半耐用品是能够使用一段时间的消费品，消费者不需要经常购买这类产品，但在购买时需要对产品的适用性、样式、质量、色彩、价格等进行有针对性的对比和挑选，例如衣帽、家具、洁具等产品。

耐用品是指能够在多个时期内(在一年以上)给消费者提供效用的产品，它具有资产和一般非耐用消费品的基本交易特性(牛筱颖，2005)。同时，他还具有使用价值可以被转移到二手市场继续交易的特性。因此，耐用品的使用时间较长，在一年以上，如计算机、小汽车、电视机等。耐用品单位价值较高，购买频率较低，需要更多的人员来推销和提供服务，销售价格较高，利润也较大。正是由于耐用品在使用过程中的多期性，在耐用品问题的研究中，在产量或价格的决策上，就需要对多期性这个重要因素加以考虑，换言之，当厂商经历了相当长一段时间(在研究中可定义为多个周期)的生产后，由于耐用品使用多期性的特征，其所销售的新产品价格和销量还会受市场中正在使用的旧耐用品的存量的影响。也就是说，在经历了多个周期的生产和销售之后，在不考虑厂商通过其他途径主动使旧耐用品废弃的情况下，新耐用品所拥有的市场容量是在减少的，它不会像一般消费品那样经过短期的使用后由于旧产品使用价值的丧失，会被消费者批量地废弃掉，这也是耐用品决策问题研究区别于其他一般产品研究的重要特征之一。

2.1.2　厂商定价策略问题研究

在现实市场中，价格竞争是厂商间竞争并达到优胜劣汰目的的主要手段，在传统的垄断定价策略研究中，采取的方式大都是选择能使厂商利润最大化的价格和产量，当边际成本与边际收入相等时，即实现厂商的最大利润。而在存在竞争的寡头市场情况下，其中一方的价格变动对其他厂商的影响是重大的。况且其他厂商的进入也是现实存在的市场现象，他们的进入又会对在位的厂商定价决策带来很大的影响。因此，对于厂商定价策略的研究就显得十分重要。在当前新产业组织理论研究中主流的定价研究主要可分为三个方面：掠夺性定价策略、限制性定价策略和价格合谋策略。

掠夺性定价(predatory pricing)是在行业中具有核心竞争力的厂商为了排挤其他对手常采取的定价策略，他们在一定时间以低于成本的价格连续销售商品，当其他对手退出后再提高价格，这样就实现了通过承担短期损失换取长期利润的目的。随着理论研究的发展，学者们认为掠夺定价并不一定都低于自身的成本。Milgrom 等(1991)认为，当信息不对称时，掠夺厂商可以通过向对方发出某些信息，告知对手们自己有将他们排挤出去的定价或成本优势，而没必要真正采取降低价格的行动。Gundlach 等(1998)从市场营销的角度研究了掠夺定价问题，他们指出，只要短期利润因价格的大幅降低而减少的幅度很大，也可以认为厂商采取了掠夺性定价的行为。在此期间，还有相当一部分学者因掠夺性定价是否合理而争论。Milgrom 等(1982)验证了在信息不对称的市场状况下，掠夺性定价对现有的竞争对手和潜在的竞争对手都具有巨大的影响。Fudenberg 等(1986)以及Rotemberg(1987)也曾提出，当掠夺厂商与其对手之间存在成本和需求方面的信息不对称时，实施掠夺性定价是合理的。而后 Klevorick(1993)也在资本市场信息不完全的假设前提下，指出掠夺者比其对手有更多的资金来源，故而他赞同掠夺性定价的合理性。在此期间，还有一些学者研究了采取哪些手段可以达到掠夺性定价的目的。Young 等(1992)通过建立两阶段模型，阐述了在所有厂商的贷款成本相同并且都能实现贷款的情况下，优势厂商通过产出的变化无法排挤对手，但是这样做可以消除对手的威胁，从而达到掠夺的目的。Cabral 等(1994)认为，厂商是为了降低未来的成本才将价格定在边际成本之下，而并非出于掠夺的目的。Kawakami 等(1997)在行业中所有厂商财务都受限制的假设前提下，提出具有财务优势地位的厂商，不会在折旧率高于其对手的情况下采取勾结的策略，而此时采取掠夺性定价的动机却很大；反之，在折旧率低时，他们就与对手勾结，这时他们就不会采取掠夺性定价。

20 世纪对定价策略的研究中还有一个焦点，就是对限制性定价策略的研究。限制性定价(limit pricing)是指厂商限制它自己在销售过程中索要的价格，使价格低于通常的垄断价格，以阻止新厂商进入的行为。早期的限制性定价模型是由 Bain(1949)创建的，它是建立在厂商进入价格和进入速度存在正向关系的假设前提基础上的，在位厂商通过把价格降到低于短期利润的水平，来影响对手对未来利润水平的预期从而阻止其他对手进入。之后的研究虽然引入了时间因素但是大都是静态的限制性定价研究。

上面提到的两种策略定价行为是寡头市场中激烈竞争的反应，这种竞争的结果通常是两败俱伤，而且这种竞争往往重复、恶性循环。理性的寡头厂商渐渐地趋向于另一种定价策略，即合作定价(cooperative pricing)。许多学者也通过博弈模型证明了在特定的条件下，合作定价具有其存在的可能性。Kreps 等(1982)认为在重复的囚徒博弈中，合作是可能发生的。Abreu(1986)也证明了采取"冷酷到底"策略和"温言加大棒"政策，可以实现厂商合作均衡，因为价格战的弊端会促使厂商间的合作意愿。Green 等(1984)则假设当需求函数服从随机的不可观测的冲击时，厂商无法预测削价的竞争者的产出，并引入了信息的不对称性和不确定性，而且发现价格战是均衡行为的合理结果，说明完全的合谋难以达到，因为厂商无法观测到实际存在的秘密削价。Rotemberg 等(1986)建立了需求随机变化合谋模型，证明了即使需求是可观测的，需求波动也会使合作变得困难。当市场需求高时，厂商会迫于诱惑而采取秘密削价。Rotemberg(1990)随后证明了寡头市场中在需求不对称的情况下，重复博弈会引起价格领导的均衡结果，并且认为掌握信息较多的厂商拥有首先定价的优势，如果其他厂商不跟随其定价就将被淘汰。而且厂商还会由于存在均衡太多的问题而陷入"富有的困境"，况且重复博弈也许在解释默契合作方面过于成功，因此后来的研究聚焦于精炼这些均衡结果，寻求均衡解。

2.1.3　厂商在信息不确定下的定价研究的重要性

在现实市场中，由于产品的需求量和价格是受消费者偏好和可支配收入等不确定因素影响的，如果市场中存在厂商间的竞争，市场信息的不确定性也将会对厂商间的博弈起到关键作用，因此，厂商在进行市场决策时，首先就需要根据其所掌握的市场信息对产品的市场需求总量进行预测，然后在预测结果条件下，结合竞争对手掌握市场信息的情况，制定市场产量和价格等方面的策略。

市场需求的不确定性和预测水平的不稳定性一直以来是困扰所有生产者和销

售者的重要问题。当厂商考虑在市场中销售新产品的时候，其产量决策往往是根据厂商的市场预期做出的，因此，未来的诸如价格等市场策略并非是根据已经实现的市场需求所确定的，而是要求厂商在掌握了全面的市场需求和竞争信息的基础上，提前对其市场价格做出决策。例如，生产玩具的厂商会在儿童节来临前就开始生产很热门的玩具，这是在对时效性的市场需求准确把握基础上所做出的市场决策。

众多的市场实例说明，已经实现的市场需求无法准确反映未来的市场需求，而往往厂商在此之前的预测却对未来的市场需求的把握起着关键作用。如果没有厂商的科学预测而单纯依靠已经实现的市场需求来预测未来的市场需求，将会导致短期供给过剩或者市场面临货物短缺，梦工厂动画制作公司（DreamWorks Animation）就是由于厂商预测不准确造成其生产过剩的一个典型例子。该公司在《大怪兽史莱克 I》公映初期市场需求旺盛信息的指引下，大量生产了《大怪兽史莱克 II》的 DVD，结果造成产量过剩，零售商遭受了巨大的损失（Merissa，2005）。再如，中国的手机特许生产和销售商们，他们生产了大量的低成本手机，却忽略了消费者对手机功能的要求是不断提升的这一重要因素，结果造成了大量功能简单的手机没有销路。此外，中国汽油价格的猛涨也造成了国内生产 SUV 等高耗油越野车厂商的大量库存（Shirouzu，2005）。另一方面，当厂商的市场预期不准确而造成市场上产品稀缺时，也会给生产厂商带来损失。例如，由于苹果公司没有预期到 iPods 在美国深受欢迎，结果造成供货短缺，这导致了苹果公司的这个项目在欧洲启动时间的延后（Gibson，2004）；由于世界范围内液晶显示器设备的短缺，使得索尼公司与三星公司联盟，飞利浦公司与 LG 公司也达成联盟共识（Dvorak，2003）；丰田公司由于生产的滞后，使得消费者不得不提前下订单，并等上几个月才能买到一辆丰田普瑞斯汽车（Eldridge，2004）。

前面的例子都是有关耐用品生产厂商的，其目的就是为了说明厂商的市场决策必须在下一个销售周期来临前做出。而通过文献查阅我们可以看出，研究市场学的学者们对于在市场需求和信息不确定条件下的市场决策方面所做的工作并不多，更关键的是，他们很少意识到需求的不确定性对于厂商市场决策的重要性。在众多的耐用品研究文献中，学者们还没有考虑到需求的不确定性是厂商所必须面临的问题。Bhatt（1989）和 Goering（1993）曾研究过易逝产品的配送问题；此外，Wolinsky（1991）也研究了耐用品的库存问题；Denicolo 等（1999）研究了耐用品生产者的产量问题，却没有考虑需求问题。这些文献都是有关时间一致性问题的研究，却都忽略了需求方的不确定因素。抛开耐用品研究领域，Mills（1954）和 Zipkin（2000）考虑了产品需求不确定性以及在需求不确定影响下的库存问题，但是他们都没有指出需求不确定性其实是厂商未来市场决策的重要影响因素。也有一些著名的学者研究过产品的预期定价问题（Mieghem et al.，1999；Petruzzi et al.，1999；Ferguson et al.，2007），但是，他们都只研究了一般产品的价格问题。

在耐用品市场中，虽然生产者可以通过阶段性定价来调整这一弊端，但是，从前人的研究中仍可以发现，这是一个很难逾越的障碍。Desai 等(2007)指出，消费者需求的不确定性是不可避免的，因此他们研究了在需求不确定的情况下，耐用品生产提前期的最优产量问题。

既然需求的不确定性是不可避免的，在实践中，厂商应该首先根据掌握的市场信息对不确定需求进行预测，然后在预测条件下进行生产和定价决策，从而可以提高决策的科学性和准确性。因此，本章首先从耐用品垄断厂商角度入手，对耐用品生产厂商在市场需求预测不准确条件下的多阶段最优定价问题展开研究，并对研究中所得到的具有理论指导意义的结论进行深入的例证分析。

2.2　耐用品垄断厂商多阶段定价模型

2.2.1　模型概述

耐用品区别于其他一般消费品的一个最重要的特性，就是其使用时间很长。如果我们将一段时间(1 年以上)用一个使用周期来衡量，那么，耐用品一般可以使用多个周期，但这并不代表耐用品可以永久使用，在经历了一个很长的使用时间以后，当耐用品的使用价值无法替代市场中的其他新耐用品或旧耐用品时，该耐用品的使用寿命才算结束。正是由于耐用品使用的多周期性，在进行建模研究的过程中，我们考虑到了当一批新耐用品被消费者购买后，在耐用品厂商进入下一个销售周期时，先前消费者购买的耐用品仍然在被使用。换言之，市场中有购买耐用品需求的消费者的量是有限的，也就是说如果在耐用品的市场容量是一定的情况下，对于耐用品这样单体价值较昂贵的产品，当消费者已经购买了一件产品以后，在不考虑其他因素的情况下，在短时间内，他们是不会再考虑购买第二件产品的。因此，当耐用品生产厂商进入第二个销售周期的时候，实际上，其销售对象就只剩下先前没有购买耐用品的消费者了，也就是说，耐用品的市场容量减少了。显而易见，当耐用品生产厂商在制定下一期的产量决策时，他会受到先前一期耐用品销售情况的影响。在考虑耐用品市场的这些特性的基础上，我们在建模时提出了下面的基本假设。

2.2.2　基本假设

基于耐用品市场的特征，我们在建立耐用品垄断厂商多期定价模型之前提出如下基本假设：

(1)首先假设某地区有一个垄断厂商生产某种价值较高的耐用品，为了便于理论研究，假设耐用品生产的边际成本和库存为零；

（2）由于该耐用品具有有限耐用性，因此不妨假设该耐用品可以在有限的 N 个阶段内使用；

（3）假设已购买该耐用品的消费者在耐用品有效期内更换新产品时均将旧耐用品卖掉（即旧耐用品进入二手市场）而不被废弃（因为在实际中，当耐用品的价值较高时，在耐用品使用有效期内消费者均不会选择废弃）。

因此，可以设第 i 期的耐用品的销售量 Q_i 与该期销售价格 p_i 和目前的耐用品市场存量有如下的线形关系：

$$Q_i = a - \sum_{t=1}^{i-1} Q_t - rp_i, i = 1, 2, \ldots, N \tag{2-1}$$

其中，a——该耐用产品 N 阶段的市场需求总量，$a = \bar{a} + e$；

e——市场不确定因素对产品需求总量的干扰，且 e 服从正态分布 $N(0, v)$；

Q_i——第 i 期的耐用品的销售量；

p_i——第 i 期的耐用品的销售价格；

r——该耐用品的市场价格对产品顾客需求量的影响系数，$r > 0$。

在不影响讨论的情况下，设垄断厂商的生产成本为零，则垄断厂商在第 i 期的利润（π_i）为

$$\pi_i = Q_i p_i = \left(a - \sum_{t=1}^{i-1} Q_t - rp_i \right) p_i \tag{2-2}$$

由于市场需求总量 a 的不确定性，垄断厂商首先根据掌握的市场信息对未来需求总量进行预测，假设预测的市场需求总量为 A，那么可以设 $A = a + \varepsilon$，ε 服从正态分布 $N(0, s)$。如果二维随机变量 (x, y) 服从二维正态分布 $N(\mu_1, \mu_2, \delta_1^2, \delta_2^2, \rho)$，则有 $E(x \mid y) = \mu_1 + \rho(\delta_1 / \delta_2)(y - \mu_2)$（谭德庆，2006）。根据此结果，可得到垄断厂商在预测条件下耐用品的市场需求总量的期望为

$$E(a/A) = (1-t)\bar{a} + tA, t = v/(v+s) \tag{2-3}$$

其中，v——市场需求波动的方差，v 越大表示市场需求波动越大；反之，表示市场需求波动越小；

s——厂商掌握市场信息多少的方差，s 越大表示厂商对市场需求量的预测越不准确；反之，表示厂商对市场需求量的预测越准确。

2.2.3 耐用品垄断厂商多阶段最优定价的确定

由于该问题为 N 阶段的动态最优定价问题，因此采用逆序求解法。首先求第 N 阶段垄断厂商的最优定价，根据式（2-2），则垄断厂商在第 N 阶段的利润函数（f_N）为

$$f_N = \pi_N = Q_N p_N = \left(a - \sum_{t=1}^{N-1} Q_t - rp_N \right) p_N$$

垄断厂商在对市场需求总量预测为 A 的条件下，为了得到垄断厂商在第 N 阶段的最优定价 p_N，需使第 N 阶段的期望利润最大化，根据最优化一阶条件，$dE(f_N/A)/dp_N = 0$，即

$$dE(f_N/A)/dp_N = E(a/A) - \sum_{t=1}^{N-1} Q_t - 2rp_N = 0$$

得到

$$p_N = \frac{1}{2r}\left[E(a/A) - \sum_{t=1}^{N-1} Q_t \right]$$

为了得到垄断厂商在第 $N-1$ 阶段的最优定价 p_{N-1}，需使期望利润 $E(f_{N-1}/A) = E(\pi_{N-1}/A) + E(f_N/A)$ 最大化，根据最优化一阶条件，$dE(f_{N-1}/A)/dp_{N-1} = 0$，即

$$dE(f_{N-1}/A)/dp_{N-1} = E(a/A) - \sum_{t=1}^{N-2} Q_t - 2rp_{N-1} + \frac{r}{2}p_{N-1} = 0$$

可得到垄断厂商在第 N-1 阶段的最优定价为

$$p_{N-1} = \frac{2}{3r}\left[E(a/A) - \sum_{t=1}^{N-2} Q_t \right]$$

为了得到垄断厂商在第 N-2 阶段的最优定价 p_{N-2}，需使期望利润 $E(f_{N-2}/A) = E(\pi_{N-2}/A) + E(f_{N-1}/A)$ 最大化，根据最优化一阶条件，可得到垄断厂商在第 N-2 阶段的最优定价为

$$p_{N-2} = \frac{3}{4r}\left[E(a/A) - \sum_{t=1}^{N-3} Q_t \right]$$

同理，以此方法，可得到垄断厂商在第 i 阶段的最优定价为

$$p_i = \frac{N+1-i}{(N+2-i)r}\left[E(a/A) - \sum_{t=1}^{N-i-1} Q_t \right] \tag{2-4}$$

根据式 (2-4)，当 i=1 时，得到垄断厂商在第一阶段的最优定价为

$$p_1^* = p_{N-(N-1)} = \frac{N}{(N+1)r} E(a/A) \tag{2-5}$$

第一阶段的最优销售量为

$$Q_1^* = E(a/A) - rp_1 = \frac{E(a/A)}{N+1} \tag{2-6}$$

再反推回去，将式 (2-6) 代入式 (2-4) 中 i=2 的情况，得到垄断厂商在第二阶段的最优定价为

$$p_2^* = \frac{N-1}{Nr}\left[E(a/A) - \frac{E(a/A)}{N+1} \right]$$

$$= \frac{N-1}{(N+1)r} E(a/A) \tag{2-7}$$

将式(2-6)、式(2-7)代入 $Q_2 = E(a/A) - Q_1 - rp_2$，得到垄断厂商在第二阶段的最优销量为

$$Q_2^* = \frac{E(a/A)}{N+1} \tag{2-8}$$

同理，将式(2-6)和式(2-8)代入式(2-4)中 $i=3$ 的情况，可得到垄断厂商在第三阶段的最优定价及最优销量分别为

$$p_3^* = \frac{N-2}{(N+1)r}E(a/A)，\quad Q_3^* = \frac{E(a/A)}{N+1}$$

同理，可得到垄断厂商在第 i 阶段的最优定价及最优销量分别为

$$p_i^* = \frac{N-(i-1)}{(N+1)r}E(a/A)，\quad Q_i^* = \frac{E(a/A)}{N+1} \tag{2-9}$$

将式(2-3)代入式(2-9)中，则垄断厂商在第 i 阶段的最优定价可表示为

$$p_i^* = \frac{N-(i-1)}{(N+1)r}\left(\frac{s}{v+s}\bar{a} + \frac{v}{v+s}A\right) \tag{2-10}$$

2.3　模型的理论分析及其现实市场例证

2.3.1　厂商多阶段最优定价趋势

根据以上得到的耐用品垄断厂商 N 阶段最优定价结果，我们可以得知：

结论 1　耐用品垄断厂商的最优定价是随着时间的增加而逐渐降低的，并且最终价格会趋于 $p_N^* = \dfrac{1}{(N+1)r}\left(\dfrac{s}{v+s}\bar{a} + \dfrac{v}{v+s}A\right)$。如果阶段 N 为无穷大，则价格最终趋于零。

$$\lim_{N\to+\infty} p_N^* = \lim_{N\to+\infty} \frac{1}{(N+1)r}\left(\frac{s}{v+s}\bar{a} + \frac{v}{v+s}A\right) = 0$$

从上面的结论可以发现，耐用品生产厂商的最优定价是随着时间的变化逐渐递减的，并最终趋近于零。这是与耐用品的特性有关的，由于垄断力量的强弱和对未来价格的承诺缺乏信誉，消费者往往会采取观望的态度，因为他们无法判断未来的价格走势，而大多消费者会认为由于技术的进步，耐用品的价格会逐渐下降。随着时间的推移，如果没有新技术产品推出的话，耐用品生产厂商所采取的最优策略必然是不停地降价。由于这里没有考虑耐用品的固定成本，所以从长期来看最终的最优定价必定就是生产耐用品的固定成本。这就给理性的厂商带来了困扰，而解决这个问题的关键就是通过版本升级实现技术提升，或者不断提供多样化的实现利润的手段。下面我们以历年销售价格比较稳定的福特品牌汽车中福克斯车系的"1.8 手动经典型"（后文称 1.8MT）为例，观察 2006～2011 年厂商的

市场价格变化(图 2-1)。

　　图 2-1 为福克斯 1.8MT 从 2006 年到 2011 年新款车推出时的厂商指导价，也就是 4S 店作为销售的参考基准价(基本是通过礼品或保险赠送等手段上下浮动2000 元左右，有时不变)。通过曲线图我们可以看出，即使厂商每年都推出在某方面有细微改进的新款车，但在参数规格基本不变的基础上，厂商的定价仍然是在逐年稳步下降的。随之而来的就是老款车的停产，或者订单销售，市场上余留的上一年的老款车也会随即下降 0.5 万～1.5 万元不等。鉴于汽车生产商对固定成本的考虑，虽然 2010 年和 2011 年款的福克斯 1.8MT 的厂商指导价基本一致，但是，通过网上报价查询，我们可以发现，在 2011 年销售的 2010 款福克斯 1.8MT已经降到了 9.98 万元。福特车的销售尚且如此，对于一些公众口碑一般的车型，有时第二年的价格会比前一年下降 3 万～4 万元之多(例如现代伊兰特等车系)。

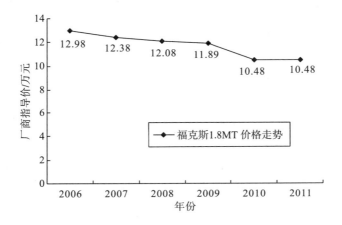

图 2-1　2006～2011 款福克斯 1.8MT 经典型市场报价走势图

(数据来源：汽车之家网站报价 http://www.autohome.com.cn.)

　　对于汽车行业而言，随着竞争的加剧，当前价格战已经无法使汽车生产厂商的利润最大化，因为高昂的固定成本，汽车生产厂商不会把价格定得低于其固定成本，这就促使了汽车服务产业的发展，通过消费者在购买汽车后不断消费的服务来进一步实现汽车生产厂商的利润。由于汽车的使用是一个很漫长的过程，其间还要不断更换许多零部件、外部装饰设备和接受养护服务，通过这些车载易耗品和服务的长期消费，汽车生产厂商发现其利润不菲，一辆汽车在其有效使用周期中所消耗的零部件价值几乎相当于其购买新车时的价格，这就促进了当前很多汽车服务店(4S 店)的发展，许多汽车生产厂商也以垄断的形式控制这些服务店，从而获得更多的利润。汽车行业的这一派生利润产业是值得其他耐用品生产厂商借鉴的。

2.3.2　市场需求波动对厂商多阶段最优定价的影响

由于市场需求总量的波动大小可以通过市场需求总量的随机变量 e 的方差大小来反映，因此，根据耐用品垄断厂商在第 i 阶段的最优定价[式(2-10)]，求耐用品垄断厂商在第 i 阶段的最优定价关于随机变量 e 的方差 v 的导数，得到

$$\frac{\mathrm{d}p_i^*}{\mathrm{d}v} = \frac{N-(i-1)}{(N+1)r}\left[\frac{-s}{(v+s)^2}\overline{a} + \frac{s}{(v+s)^2}A\right]$$
$$= \frac{N-(i-1)}{(N+1)r}\frac{s}{(v+s)^2}(A-\overline{a}) \tag{2-11}$$

由式(2-11)可知，当 $A > \overline{a}$ 时，$\mathrm{d}p_i^*/\mathrm{d}v > 0$，即第 i 阶段的最优定价会随着 v 的增大而变高；当 $A < \overline{a}$ 时，$\mathrm{d}p_i^*/\mathrm{d}v < 0$，即第 i 阶段的最优定价会随着 v 的增大而降低。

通过上面的数理推导我们可以知道：

结论 2　当垄断厂商对耐用品市场需求总量的预测结果高于市场需求总量期望值时，市场需求总量的波动越大，垄断厂商每个阶段的最优定价越高；当垄断厂商对耐用品市场需求总量的预测结果低于市场需求总量期望值时，市场需求总量的波动越大，垄断厂商的每个阶段的最优定价越低。

耐用品厂商对市场需求的预期 A 与消费者因市场价格的变化而产生的预期需求 $\overline{a}$ 的不平衡，实际上就是一个供求不平衡的状态。当垄断厂商对耐用品市场需求总量的预测结果高于市场需求总量期望值时，即在随后的市场中出现了供大于求的情况，如果市场中的消费主体存在着消费能力上的巨大差异，从而引起市场需求总量的波动很大，由于厂商所具有的垄断地位，他依然可以通过高消费群体的市场定位来实现其垄断利润的最大化，从而定出很高的市场价格。相反，如果垄断厂商所面对的消费者的消费能力差异不大，即市场需求相对稳定时，垄断厂商会出于急于收回成本的考虑降低耐用品的市场价格，从而降低产品定价。从另一个角度分析，当垄断厂商对耐用品市场需求总量的预测结果低于市场需求总量期望值时，即在随后的市场中出现了供不应求的情况，这同样是厂商市场预测方面的失误，如果此时垄断厂商又无法准确把握未来市场需求的波动，垄断厂商在下一期会降低其产品价格，从而刺激更多的不确定消费群体的消费，从而使垄断利润最大化。相反，如果垄断厂商所面对的市场对其产品的需求是很稳定的，它就仍然会以较高的价格销售其下一期的产品，同样可以保障其垄断利润的最大化。

从东风本田 CR-V 车系这一 SUV 车型在国内的发展历程来看，完全符合结论 2 所阐述的内容。2007 年以前，国内本田汽车的 SUV 车型基本依靠进口，对于 CR-V 这一车系的销售，本田公司在国内是处于垄断地位的，虽然当时价格不是很高，但销量却显得较低。这并非是由于国内没有 SUV 车型的需求市场，而是国内消费者对进口 SUV 车型的实用性评价不高。自 2007 年以来，东风本田在国内建立了

第三代 CR-V 车系的生产线，由于在技术方面的改进适应了国内消费者的需求，虽然价格略有下降，但是销量却突飞猛进。但是，由于当时对国内市场需求的预期不足，即对市场需求总量的预测结果低于市场需求总量的期望值，2007 年东风本田 CR-V 车系 4.5 万辆的产能远远满足不了国内市场的需求，从而使得在随后几年东风本田 CR-V 车系厂商指导价格不变的情况下，销量却稳步攀升，这就显示出国内东风本田 CR-V 车系市场的需求波动是很小的。虽然在 2007～2011 年，东风本田 CR-V 车系厂商指导价格不变，但是国内本田的零售商却提出了由起初的加收一万元的装饰费到后面加价三万元现金的霸王销售条款。事实上，在这五年里，东风本田 CR-V 车系的市场销售价是提高了的，即使这样也没有引起东风本田 CR-V 车系销量的下降，甚至有的消费者最长要等上 5 个月才能够拿到汽车（中金在线：后来居上的销量王者——本田 CR-V 历史介绍 http：//auto. cnfol. com/120302/169，1895，11888875，02. shtml）。

在图 2-2 中，我们选取了东风本田 CR-V 车系中具有代表性的一个车型——AT2.4L 豪华版在 2006～2011 年的厂商指导价与 2006～2011 年东风本田 CR-V 车系的年销量进行对比。结合东风本田 CR-V 车系的产能背景，从图中我们可以发现，2007 年以后，东风本田 CR-V、AT2.4L 豪华版的厂商报价是趋于稳定的（事实上由于零售商加价，其价格是提高了的），而且在 2007～2011 年，东风本田 CR-V 车系的销量也是稳步上升的。这就充分体现了结论 2 所阐述的内容，由于东风本田公司在 2007 年对市场需求的估计不足，致使其对市场需求总量的预测结果（A）低于市场需求总量的期望值（$\bar{a}$），而在后面几年的销售中，由于存在相当一部分稳定的需求者，从而使市场对东风本田 CR-V 车系的市场需求波动很小，因此，在后面几个销售周期中，零售商对东风本田 CR-V 车系的定价也有所提高。

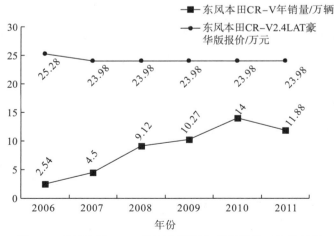

图 2-2　东风本田 CR-V 汽车年销量与车型报价对比趋势图

（数据来源：汽车工业协会统计信息网 http：//www.auto-stats.org.cn/qccxkx.asp.）

通过上面的案例分析，我们可以看出，结论 2 的现实市场意义在东风本田 CR-V 车系的国内销售历程中得到了充分的体现。

2.3.3　市场需求预测水平对厂商多阶段最优定价的影响

在理论上，垄断厂商掌握的耐用品市场需求信息越多，其对市场的预测越准确，即预测的方差 s 越小；反之，垄断厂商掌握的耐用品市场需求信息越少，其对市场的预测越不准确，即预测的方差 s 越大。因此，可通过方差 s 的大小来反映垄断厂商掌握信息的多少。根据已经得到的耐用品厂商在第 i 阶段的最优定价 [式 (2-10)]，求第 i 阶段的最优定价关于预测值的方差 s 的一阶导数，可得到

$$\frac{\mathrm{d}p_i^*}{\mathrm{d}s} = \frac{N-(i-1)}{(N+1)r}\left[\frac{v}{(v+s)^2}\overline{a} - \frac{v}{(v+s)^2}A\right]$$
$$= \frac{N-(i-1)}{(N+1)r}\frac{v}{(v+s)^2}(\overline{a} - A) \tag{2-12}$$

由式 (2-12) 可知，当 $A > \overline{a}$ 时，$\mathrm{d}p_i^*/\mathrm{d}s < 0$，即第 i 阶段的最优定价随着 s 的增大而降低；当 $A < \overline{a}$ 时，$\mathrm{d}p_i^*/\mathrm{d}s > 0$，即第 i 阶段的最优定价随着 s 的增大而变高。

由此，我们可以明确：

结论 3　当垄断厂商对耐用品市场需求总量的预测结果高于市场需求总量期望值时，垄断厂商掌握的市场需求信息越多，其每个阶段的最优定价就越高，反之，每个阶段的最优定价越低；当垄断厂商对耐用品市场需求总量的预测结果低于市场需求总量期望值时，垄断厂商掌握的市场需求信息越多，其每个阶段的最优定价越低，反之，每个阶段的最优定价越高。

通过上面的理论分析，我们可以了解到，即使在供不应求的市场状态下，由于耐用品厂商对信息的把握不够准确，也会导致其定价很低，而且有越演越烈的态势，这对理性的耐用品生产厂商是极为不利的。这就要求耐用品生产厂商在作出定价决策之前能够充分的了解市场的供需状况，通过调查知道它的产品的市场定位处于什么样的状况，从而实现利润的最大化。相反，如果耐用品生产厂商在掌握市场信息足够多的时候，即使是整个市场存在供大于求的状况，也是可以针对不同的消费群体和消费地区，并结合其产品的差异性定出有差异性的价格，也就是对高端产品的高端用户定出较高的价格。如果在供大于求的市场中总体定价偏高，那么其产品的竞争力是很弱的，对于其利润的实现也是不利的。在当今这样的信息社会中，信息量的把握程度对于一个厂商是极为关键的，尤其对于耐用品市场而言，一个新产品的销售周期是很长的，这样一个更换时滞很长的产品，能够有效地把握市场信息对于一个耐用品厂商的长远发展是有着很重要的意义的。

2.4　本　章　小　结

本章基于传统西方经济学的需求-价格模型，并结合耐用品可以多期使用的特殊性质，建立了耐用品厂商多阶段需求-价格模型，首次分析了在市场需求波动和厂商掌握的市场信息量不确定的情况下，耐用品垄断生产厂商的多阶段最优定价问题。通过模型建立和耐用品垄断厂商多阶段最优价格的确定，我们分别分析了市场需求的波动和垄断厂商所掌握的市场信息量的多少在厂商制定最优价格策略方面所起到的作用。通过分析我们得知，耐用品垄断厂商最优定价会随着时间的增加而逐渐降低，当销售周期 N 为无穷大时，价格最终会趋于零。此外，当垄断厂商对耐用品市场需求总量的预测结果高于市场需求总量期望值时，市场需求总量的波动越大，垄断厂商在每个阶段的最优定价越高，反之，每个阶段的最优定价越低；当垄断厂商对耐用品市场需求总量的预测结果低于市场需求总量期望值时，市场需求总量的波动越大，垄断厂商在每个阶段的最优定价越低，反之，每个阶段的最优定价越高。最后，我们还知道，当垄断厂商对耐用品市场需求总量的预测结果高于市场需求总量期望值时，垄断厂商掌握的市场需求信息越多，垄断厂商的每个阶段的最优定价越高，反之，每个阶段的最优定价越低；当垄断厂商对耐用品市场需求总量的预测结果低于市场需求总量期望值时，垄断厂商掌握的市场需求信息越多，垄断厂商在每个阶段的最优定价越低，反之，每个阶段的最优定价越高。

通过得到的具有现实指导意义的结论，并根据当前的一些经济现象我们又对模型所反映出的经济含义进行了阐述。

在研究中，本章没有考虑部分已购买耐用品的消费者可能在某一期将该耐用品废弃的情况。原因是在实际中，当耐用品价值较高时，废弃的比例很小，因此，没有考虑废弃部分也不会影响本章所得出的结论。纵观第 2 章我们会发现书中只考虑了垄断状况下的耐用品生产厂商在市场需求和预测不确定下的定价问题，并且有个基本假设即耐用品可以使用 N 期，这样在模型中每期的市场需求量只与市场存量有关，因此需求是逐渐递减的。这为第 3 章在考虑存在竞争状态下的耐用品生产厂商博弈定价问题的研究埋下了伏笔。

第3章 耐用品双寡头厂商在市场需求不确定情况下的两期定价研究

本章在第 2 章耐用品垄断厂商在市场需求预测情况下的多期定价研究的基础上建立耐用品双寡头厂商两阶段线性需求-价格模型，目的是使研究进一步深化，从而更加贴近现实的市场状况，使耐用品双寡头厂商更好地做出科学的定价决策。与第 2 章的方法相似，本章同样运用动态规划思想，针对耐用品双寡头市场需求量不确定及耐用品生产厂商市场信息预测不准的问题展开探讨。研究的主要内容包括：①耐用品双寡头厂商在市场需求预测情况下的两期博弈最优价格的确定；②耐用品双寡头厂商在市场需求趋势预测相同的情况下，市场需求波动对厂商最优博弈定价的影响；③耐用品双寡头厂商在市场需求趋势预测不一致的情况下，市场需求波动对厂商最优博弈定价的影响；④耐用品双寡头厂商在市场需求趋势预测一致的情况下，厂商掌握市场信息量的多少对厂商最优博弈定价的影响；⑤耐用品双寡头厂商在市场需求趋势预测不一致的情况下，厂商掌握市场信息量的多少对厂商最优博弈定价的影响。

3.1 问 题 提 出

第 2 章研究了耐用品垄断厂商在市场需求预测情况下的多期定价问题，并对该研究所得到的结论展开了深入的现实市场分析。作为本书的研究起点，第 2 章是通过耐用品垄断厂商多阶段定价模型进行研究的。为了使研究进一步深入，在第 3 章的研究中，笔者放宽了垄断厂商这一基本假设，并把问题提升到了竞争的市场环境下，对耐用品双寡头厂商的博弈定价问题展开研究，从而使本章的研究更加具有现实意义。

对于耐用品竞争问题的研究，国内外从事耐用品问题研究的学者涉及很少，而大多数文献都是有关耐用品垄断生产者将产品出售给消费者的，但这并不表示那些分析都局限在垄断这样的假设前提下，因为绝大多数耐用品生产者不是垄断者，而是掌握了市场话语权（Waldman，2003）。虽然以往的垄断分析为我们提供了众多有价值的见解，但是，通过研究者的模型我们不难发现，一旦模型中考虑竞争因素，其庞大的运算规模将会给理论研究带来巨大的困难。正是因为这个原因，在能够解决所提出的问题的前提下，很多学者都规避了耐用品竞争问题的研究。但是，有一点我们是可以坚信的，即如果在耐用品研究中考虑竞争因素的存在，无疑是对理论研究的重大突破，因为研究结果将会更加直观，并且更加贴近现实的市场状况。

20 世纪末，Desai 等(1999)学者才开启了耐用品竞争问题研究的先河。Desai 等学者在研究耐用品市场厂商租售策略选择时，引入了耐用品竞争环境这一因素。他们认为，并非是耐用品厂商们主动选择了彼此差异很大的租赁和销售策略，而是竞争的市场环境影响了他们的决策。例如，当 Bell 公司垄断移动电话的开发系统的时候，该公司选择只开展租赁电话的业务，而不销售电话的策略。但是，当市场环境发展到竞争状态时，大多数移动电话制造商都开始选择出售电话(Brenner，1992)。此外，在处于垄断状态的高端影印机市场中，80%的影印机都是以租赁的方式提供给消费者的，相反，在处于竞争状态的底端影印机市场中，很少有厂商选择租赁策略(Menezes et al.，1993)。

为了研究耐用品厂商在竞争市场环境下的租赁动机，Desai 等(1999)学者建立了双寡头厂商生产彼此有差异的耐用品的两期需求-价格模型，用来分析耐用品厂商的最优租赁和销售策略。他们假设双寡头厂商所面临的是完全租赁状态下的市场容量，并且竞争的程度和耐用产品的耐用度决定了厂商将要采取的市场策略是纯销售的还是租赁与销售相混合的。他们得到的结论是，在竞争的市场环境下，双寡头厂商的均衡策略不会采取纯租赁的市场策略，尽管租赁策略可以使厂商的产品定价保持在一个较高的水平，但是如果在竞争的市场环境下，厂商采取完全租赁的市场策略会使其因产品价格太高而仅占有很小的市场份额。因此，Desai 等(1999)学者得到的另一重要结论是，两个厂商的竞争程度越高，租赁策略所能使厂商占有的市场份额就越小，当竞争超越一定的水平时，双寡头厂商就会完全放弃租赁策略。

21 世纪初期国内才有学者对耐用品竞争问题展开研究，闫安等(2006a、b)在假设耐用品市场容量可变的情况下，建立了两期情形下的两个耐用品厂商同时博弈的动态古诺模型，分别得到了即期利润最大化时和长期利润最大化时的不同产量博弈模型及其各自所对应的最优产量解。并通过比较与分析，他们得到了长期产量解优于短期产量解的结论，在此基础上，建立了分别以追求短期利润和长期利润为策略的新的博弈模型，并得知双寡头厂商是处于囚徒困境中的，因此，双寡头厂商会把追求短期利润作为最优的市场策略。在此之后，他们又建立了具有相异成本的双寡头厂商同时博弈时的动态古诺模型，在考虑厂商公平性要求的基础上，进一步建立了新的多目标动态古诺模型，并通过最优产量均衡解的比较，得知处于成本劣势的厂商可以通过降低竞争对手的利润达到自身的公平性要求，但这种策略会使产品竞争更加激烈(达庆利等，2007)。

在已有的众多耐用品理论研究的文献中，涉及耐用品厂商间竞争问题的研究很鲜见，在少有的有关耐用品市场竞争问题的研究中，大都是在耐用品的市场容量确定的情形下，展开理论研究的。然而，在耐用品市场中，尤其是在竞争的耐用品市场中，市场容量往往是一个存在波动的不确定因素，耐用品厂商们在更多的情况下也是很难准确把握市场中的需求信息的。因此，对于市场需求不确定条件下以及厂商对市场信息把握不准确情况下的耐用品市场策略方面的研究，就显得很有现实意义。本章正是发现了耐用品竞争市场中的这一理论空白，从而对耐用品双寡头厂商在市场信息预测情况下的定价策略问题展开研究。

3.2　厂商两期定价模型及最优价格的确定

3.2.1　模型概述

对于耐用品竞争问题的研究，所需要考虑的市场因素要比耐用品垄断问题更加复杂。在存在竞争环境的耐用品市场中，一个厂商的产品销量不但要受到自身价格的影响，而且还要受到对手价格的影响。除此之外，我们在考虑第二期的市场容量时，依旧是与第 2 章所考虑的问题相同，即当可以使用多个周期的耐用品在第一期被销售出去后，对于第二期而言，市场容量就变成了先前没有购买使用耐用品的消费者。但是有所区别的是，在存在竞争因素的耐用品市场中，第二期的市场容量是同时受两个厂商第一期的市场销售量影响的。由于市场容量是一个不确定的因素，因此在研究中，我们仍然考虑到了市场需求量是一个存在波动性的不确定因素。

为了方便讨论，本章所涉及的各个变量的定义如下：

a：该耐用产品的市场需求总量，$a = \bar{a} + e$；

e：市场不确定因素对产品需求总量的干扰，且 e 服从正态分布 $N(0, v)$；

v：市场需求波动的方差，v 越大表示市场需求波动越大，反之，表示市场需求波动越小；

Q_{ij}：厂商 i 在第 j 期的耐用品的销售量 $(i, j = 1, 2)$；

p_{ij}：厂商 i 在第 j 期的耐用品的销售价格 $(i, j = 1, 2)$；

r：该耐用品的市场价格对产品顾客需求量的影响系数，$0 < r < 1$；

A_i：厂商 i 预测的市场需求总量，$A_i = a + \varepsilon_i$，其中，$i = 1, 2$；

ε_i：厂商 i 掌握的市场信息量的多少对该厂商市场预测的干扰，ε_i 服从正态分布 $N(0, s_i)$，且厂商 i 对市场需求的预测在市场需求波动范围之内，即 $s_i < v$；

s_i：厂商 i 掌握市场信息的多少对该厂商市场预测干扰的方差，s_i 越大表示市场干扰对厂商 i 的影响越大，即厂商 i 对市场需求量的预测越不准确；反之，s_i 越小表示市场干扰对厂商 i 的影响越小，即厂商 i 对市场需求量的预测越准确 $(i = 1, 2)$。

3.2.2　基本假设

在考虑到耐用品竞争市场特性的基础上，我们在建模时提出下面的基本假设：

(1) 首先假设某地区有双寡头厂商生产某种耐用品，且考虑双寡头厂商在两阶段内定价；

(2) 由于耐用品具有长期实用性的特点，因此假设该耐用品可以使用两个周期；

(3) 在不影响讨论的情况下，设耐用品双寡头生产厂商生产耐用品的边际成本和库存为零；

(4) 假设预测的市场需求总量为 A_i $(i=1,2)$，那么有 $A=a+\varepsilon_i$，ε_i 服从正态分布 $N(0,s_i)$，并且假设厂商的预测在市场波动范围之内，即 $s_i<v$。

从而，我们可以得到耐用品双寡头厂商两期的产品销售量与该期的销售价格具有如下的线性关系：

$$Q_{11}=a-p_{11}+rp_{21} \tag{3-1}$$
$$Q_{21}=a-p_{21}+rp_{11} \tag{3-2}$$
$$Q_{12}=a-Q_{11}-Q_{21}-p_{12}+rp_{22} \tag{3-3}$$
$$Q_{22}=a-Q_{11}-Q_{21}-p_{22}+rp_{12} \tag{3-4}$$

在不影响讨论的情况下，因为耐用品双寡头生产厂商生产耐用品的边际成本为零，所以，耐用品双寡头厂商在第 i 阶段的利润为

$$\pi_{ij}=Q_{ij}p_{ij},\quad (i,j=1,2)$$

如果二维随机变量 (x,y) 服从二维正态分布 $N(\mu_1,\mu_2,\delta_1^2,\delta_1^2,\rho)$，则有 $E(x/y)=\mu_1+\rho(\delta_1/\delta_2)(y-\mu_2)$（谭德庆，2006）。根据此结果，可得到双寡头厂商在预测条件下的耐用品市场需求总量的期望为

$$E(a/A_i)=(1-t_i)\bar{a}+t_iA_i,\quad t_i=v/(v+s_i) \tag{3-5}$$

3.2.3　厂商两期最优价格的确定

由于该问题为两阶段的动态最优定价问题，因此采用逆序求解法。首先求第二阶段双寡头厂商的最优定价，根据利润关系式，则两厂商在第二阶段的利润函数分别为

$$\pi_{12}=Q_{12}p_{12}=[(1-r)p_{11}+(1-r)p_{21}-a-p_{12}+rp_{22}]p_{12}$$
$$\pi_{22}=Q_{22}p_{22}=[(1-r)p_{11}+(1-r)p_{21}-a-p_{22}+rp_{12}]p_{22}$$

双寡头厂商在对市场需求总量预测为 A_i 的条件下，要得到两厂商在第二阶段的最优定价，需使两厂商在第二阶段的期望利润最大化，根据最优化一阶条件

$$dE(\pi_{i2}/A_i)/dp_{i2}=0$$

即

$$dE(\pi_{12}/A_1)/dp_{12} = (1-r)(p_{11}+p_{21}) - E(a/A_1) - 2p_{12} + rp_{22} = 0$$

$$dE(\pi_{22}/A_2)/dp_{22} = (1-r)(p_{11}+p_{21}) - E(a/A_2) - 2p_{22} + rp_{12} = 0$$

得到双寡头厂商在第二阶段的最优定价为

$$p_{12} = \frac{(1-r)}{2}(p_{11}+p_{21}) - \frac{1}{2}E(a/A_1) + \frac{r}{2}p_{22} \tag{3-6}$$

$$p_{22} = \frac{(1-r)}{2}(p_{11}+p_{21}) - \frac{1}{2}E(a/A_2) + \frac{r}{2}p_{12} \tag{3-7}$$

要想得到第一阶段双寡头厂商的最优定价 p_{i1}，需使期望利润 $E(\pi_i/A_i) = E(\pi_{i1}/A_i) + E(\pi_{i2}/A_i)$ 最大化，根据最大化一阶条件：

$$dE(\pi_i/A_i)/dp_{i1} = 0$$

即

$$dE(\pi_1/A_1)/dp_{11} = E(a/A_1) - 2p_{11} + rp_{21} + \frac{(1-r)^2}{2}(p_{11}+p_{21})$$

$$+ \frac{(1-r)}{2}[rp_{22} - E(a/A_1)] = 0$$

得到厂商 1 在第一阶段的最优定价为

$$p_{11} = \frac{1-r^2}{(1+r)(3-r)}p_{21} + \frac{r(1-r)}{(1+r)(3-r)}p_{22} + \frac{1}{3-r}E(a/A_1) \tag{3-8}$$

同理，根据：

$$dE(\pi_2/A_2)/dp_{21} = E(a/A_2) - 2p_{21} + rp_{11} + (1-r)p_{22} + \frac{r(1-r)}{2}p_{22} = 0$$

得到厂商 2 在第一阶段的最优定价为

$$p_{21} = \frac{r}{2}p_{11} + \frac{(1-r)(2+r)}{4}p_{22} + \frac{1}{2}E(a/A_2) \tag{3-9}$$

将式(3-8)和式(3-9)代入式(3-6)和式(3-7)，得到双寡头厂商在第二阶段的最优定价为

$$p_{22}^* = GE(a/A_1) - HE(a/A_2)$$

$$p_{12}^* = -XE(a/A_1) + YE(a/A_2)$$

其中，

$$X = \frac{16+18r+21r^2+6r^3-2r^4-r^6}{(2+r)(32+10r-3r^2-14r^3-2r^4+r^6)}$$

$$Y = \frac{16+14r-7r^2-14r^3-2r^4-r^6}{(2+r)(32+10r-3r^2-14r^3-2r^4+r^6)}$$

$$G = \frac{8(2-r-3r^2-r^3)}{(2+r)(32+10r-3r^2-14r^3-2r^4+r^6)}$$

$$H = \frac{2(8+12r+14r^2)}{(2+r)(32+10r-3r^2-14r^3-2r^4+r^6)}$$

再将 p_{12}^*、p_{22}^* 代入式(3-8)、式(3-9)，得到双寡头厂商第一阶段的最优定价为

$$p_{11}^* = CE(a/A_1) + DE(a/A_2)$$
$$p_{21}^* = ME(a/A_1) + NE(a/A_2)$$

其中，C、D、M、N、X、Y、G、H 的表达式及大小关系证明见附录1。通过证明，我们得到 $C > D$、$N > M$、$X > Y$、$H > G$。

根据以上得到的结果，我们将式(3-5)分别代入耐用品双寡头厂商两期最优定价 p_{11}^*、p_{21}^*、p_{12}^*、p_{22}^* 中，得到

$$p_{11}^* = C\left(\frac{s_1}{v+s_1}\bar{a} + \frac{v}{v+s_1}A_1\right) + D\left(\frac{s_2}{v+s_2}\bar{a} + \frac{v}{v+s_2}A_2\right)$$

$$p_{21}^* = M\left(\frac{s_1}{v+s_1}\bar{a} + \frac{v}{v+s_1}A_1\right) + N\left(\frac{s_2}{v+s_2}\bar{a} + \frac{v}{v+s_2}A_2\right)$$

$$p_{12}^* = -X\left(\frac{s_1}{v+s_1}\bar{a} + \frac{v}{v+s_1}A_1\right) + Y\left(\frac{s_2}{v+s_2}\bar{a} + \frac{v}{v+s_2}A_2\right)$$

$$p_{22}^* = G\left(\frac{s_1}{v+s_1}\bar{a} + \frac{v}{v+s_1}A_1\right) - H\left(\frac{s_2}{v+s_2}\bar{a} + \frac{v}{v+s_2}A_2\right)$$

3.3　模型的理论分析及厂商市场决策分析

3.3.1　市场需求波动对厂商相同预期下最优定价的影响

根据以上得到的耐用品双寡头厂商两阶段最优定价的结果，我们可以发现，耐用品双寡头厂商的两阶段最优定价是受市场需求波动和双寡头厂商掌握市场需求信息量的多少共同影响的。

市场需求波动的大小可以通过市场需求总量的随机变量 e 的方差大小来反映。因此，首先根据厂商1在第一阶段的最优定价 p_{11}^*，求得厂商1在第一阶段最优定价关于随机变量 e 的方差 v 的导数，得到

$$\frac{dp_{11}^*}{dv} = C\left[\frac{-s_1}{(v+s_1)^2}\bar{a} + \frac{s_1}{(v+s_1)^2}A_1\right] + D\left[\frac{-s_2}{(v+s_2)^2}\bar{a} + \frac{s_2}{(v+s_2)^2}A_2\right]$$

$$= C\frac{s_1}{(v+s_1)^2}(A_1 - \bar{a}) + D\frac{s_2}{(v+s_2)^2}(A_2 - \bar{a})$$

(3-10)

由式(3-10)得到，当 A_1、$A_2 > \bar{a}$ 时，$dp_{11}^*/dv > 0$，即厂商1在第一阶段的最

优定价会随着 v 的增大而增高；当 A_1、$A_2 < \overline{a}$ 时，$\mathrm{d}p_{11}^* / \mathrm{d}v < 0$，即厂商 1 在第一阶段的最优定价会随着 v 的增大而降低。

同理，根据厂商 2 在第一阶段的最优定价 p_{21}^*，求得厂商 2 在第一阶段最优定价关于随机变量 e 的方差 v 的导数，得到

$$\frac{\mathrm{d}p_{21}^*}{\mathrm{d}v} = M\left[\frac{-s_1}{(v+s_1)^2}\overline{a} + \frac{s_1}{(v+s_1)^2}A_1\right] + N\left[\frac{-s_2}{(v+s_2)^2}\overline{a} + \frac{s_2}{(v+s_2)^2}A_2\right] \quad (3\text{-}11)$$

$$= M\frac{s_1}{(v+s_1)^2}(A_1 - \overline{a}) + N\frac{s_2}{(v+s_2)^2}(A_2 - \overline{a})$$

由式 (3-10) 得到，当 A_1、$A_2 > \overline{a}$ 时，$\mathrm{d}p_{21}^* / \mathrm{d}v > 0$，即厂商 2 在第一阶段的最优定价会随着 v 的增大而增高；当 A_1、$A_2 < \overline{a}$ 时，$\mathrm{d}p_{21}^* / \mathrm{d}v < 0$，即厂商 2 在第一阶段的最优定价会随着 v 的增大而降低。

通过上面的数理推导，我们可以知道：

结论 1　在双寡头厂商对耐用品市场需求总量的预测结果都高于市场需求总量期望值的条件下，当市场需求波动越大时，双寡头厂商在第一阶段的最优定价越高；反之，在第一阶段的最优定价越低。相反，在双寡头厂商对耐用品市场需求总量的预测结果都低于市场需求总量期望值的条件下，当市场需求波动越大时，双寡头厂商在第一阶段的最优定价越低；反之，在第一阶段的最优定价越高。

3.3.2　市场需求波动对厂商不同预期下最优定价的影响

前面我们在耐用品双寡头厂商对市场需求总量预期相同的情况下，分析了市场需求波动对厂商两期最优定价的影响。然而，在现实的耐用品市场中，往往竞争者之间对市场需求状况的判断是不一致的，下面我们就这种双寡头厂商对市场需求状况判断不一致情况下，市场需求波动对厂商定价的影响问题给予分析。

由前面已经确定的耐用品双寡头厂商的两期最优价格，我们知道

$$p_{12}^* = -X\left(\frac{s_1}{v+s_1}\overline{a} + \frac{v}{v+s_1}A_1\right) + Y\left(\frac{s_2}{v+s_2}\overline{a} + \frac{v}{v+s_2}A_2\right)$$

$$p_{22}^* = G\left(\frac{s_1}{v+s_1}\overline{a} + \frac{v}{v+s_1}A_1\right) - H\left(\frac{s_2}{v+s_2}\overline{a} + \frac{v}{v+s_2}A_2\right)$$

分别求两个厂商第二期的最优价格关于市场需求波动的方差 v 的一阶导数，得到

$$\frac{\mathrm{d}p_{12}^*}{\mathrm{d}v} = -X\frac{s_1}{(v+s_1)^2}(A_1 - \overline{a}) + Y\frac{s_2}{(v+s_2)^2}(A_2 - \overline{a}) \quad (3\text{-}12)$$

$$\frac{\mathrm{d}p_{22}^*}{\mathrm{d}v} = G\frac{s_1}{(v+s_1)^2}(A_1 - \overline{a}) - H\frac{s_2}{(v+s_2)^2}(A_2 - \overline{a}) \quad (3\text{-}13)$$

从式 (3-12)、式 (3-13) 我们可以判断，当 $A_1 > \bar{a} > A_2$ 时，$\mathrm{d}p_{12}^* / \mathrm{d}v < 0$，$\mathrm{d}p_{22}^* / \mathrm{d}v > 0$，即厂商 1 在第二阶段的最优定价会随着 v 的增大而降低；此时，厂商 2 在第二阶段的最优定价会随着 v 的增大而增高。

同理，当 $A_2 > \bar{a} > A_1$ 时，$\mathrm{d}p_{22}^* / \mathrm{d}v < 0$，$\mathrm{d}p_{12}^* / \mathrm{d}v > 0$，即厂商 2 在第二阶段的最优定价会随着 v 的增大而降低；此时，厂商 1 在第二阶段的最优定价会随着 v 的增大而增高。

由此我们可以得知：

结论 2 当双寡头厂商对需求总量期望的态度不一致，且出现一方悲观而另一方乐观的情形时，那么预测结果偏高的厂商在第二阶段的最优定价会随着市场需求波动的增大而降低；反之，其第二阶段的最优定价会随着市场需求波动的减小而增高。相反，预测结果偏低的厂商在第二阶段的最优定价会随着市场需求波动的增大而增高；反之，其第二阶段的最优定价会随着市场需求波动的减小而降低。

3.3.3 市场预测水平对厂商相同预期下最优定价的影响

理论上，厂商预测方差的大小反映了厂商所掌握的市场信息量的多少。因此，双寡头厂商掌握的耐用品市场需求信息越多，其对市场的预测越准确，即预测的方差 s_i 越小；反之，双寡头厂商掌握的耐用品市场需求信息越少，其对市场的预测越不准确，即预测的方差 s_i 越大。因此，可通过方差 s_i 的大小反映双寡头厂商所掌握的市场需求信息的多少。因此，对厂商 1 求两阶段最优定价关于预测值的方差 s_1 的一阶导数，可得到

$$\frac{\mathrm{d}p_{12}^*}{\mathrm{d}s_1} = -X\frac{v}{(v+s_1)^2}(A_1 - \bar{a}) \tag{3-14}$$

$$\frac{\mathrm{d}p_{11}^*}{\mathrm{d}s_1} = C\frac{v}{(v+s_1)^2}(\bar{a} - A_1) \tag{3-15}$$

由式 (3-14)、式 (3-15) 可以得到，当 $A_1 > \bar{a}$ 时，$\mathrm{d}p_{11}^* / \mathrm{d}s_1 < 0$，$\mathrm{d}p_{12}^* / \mathrm{d}s_1 < 0$，即厂商 1 在两阶段的最优定价会随着 s_1 的增大而降低；当 $A_1 < \bar{a}$ 时，$\mathrm{d}p_{11}^* / \mathrm{d}s_1 > 0$，$\mathrm{d}p_{12}^* / \mathrm{d}s_1 > 0$，即厂商 1 在两阶段的最优定价会随着 s_1 的增大而增高。

同理，对厂商 2 求两阶段最优定价关于预测值的方差 s_2 的一阶导数，可得到

$$\frac{\mathrm{d}p_{22}^*}{\mathrm{d}s_2} = -H\frac{v}{(v+s_2)^2}(A_2 - \bar{a}) \tag{3-16}$$

$$\frac{\mathrm{d}p_{21}^*}{\mathrm{d}s_2} = N\frac{v}{(v+s_2)^2}(\bar{a} - A_2) \tag{3-17}$$

由式 (3-16)、式 (3-17) 可以得到，当 $A_2 > \bar{a}$ 时，$\mathrm{d}p_{21}^* / \mathrm{d}s_2 < 0$，$\mathrm{d}p_{22}^* / \mathrm{d}s_2 < 0$，即厂商 2 在两阶段的最优定价会随着 s_2 的增大而降低；当 $A_2 < \bar{a}$ 时，$\mathrm{d}p_{21}^* / \mathrm{d}s_2 > 0$，

$\mathrm{d}p_{22}^{*} / \mathrm{d}s_2 > 0$，即厂商 2 在两阶段的最优定价会随着 s_2 的增大而增高。

又因为

$$\frac{\mathrm{d}p_{12}^{*}}{\mathrm{d}s_2} = Y \frac{v}{(v+s_2)^2}(\bar{a}-A_2) \tag{3-18}$$

$$\frac{\mathrm{d}p_{11}^{*}}{\mathrm{d}s_2} = D \frac{v}{(v+s_2)^2}(\bar{a}-A_2) \tag{3-19}$$

由式 (3-18)、式 (3-19) 可以得到，当 $A_2 > \bar{a}$ 时，$\mathrm{d}p_{11}^{*} / \mathrm{d}s_2 < 0$，$\mathrm{d}p_{12}^{*} / \mathrm{d}s_2 < 0$，即厂商 1 在两阶段的最优定价会随着 s_2 的增大而降低；当 $A_2 < \bar{a}$ 时，$\mathrm{d}p_{11}^{*} / \mathrm{d}s_2 > 0$，$\mathrm{d}p_{12}^{*} / \mathrm{d}s_2 > 0$，即厂商 1 在两阶段的最优定价会随着 s_2 的增大而增高。

同理，厂商 1 的预测值对厂商 2 的定价有同样的影响，因为

$$\frac{\mathrm{d}p_{22}^{*}}{\mathrm{d}s_1} = G \frac{v}{(v+s_1)^2}(\bar{a}-A_1) \tag{3-20}$$

$$\frac{\mathrm{d}p_{21}^{*}}{\mathrm{d}s_1} = M \frac{v}{(v+s_1)^2}(\bar{a}-A_1) \tag{3-21}$$

由式 (3-20)、式 (3-21) 可以得到，当 $A_1 > \bar{a}$ 时，$\mathrm{d}p_{21}^{*} / \mathrm{d}s_1 < 0$，$\mathrm{d}p_{22}^{*} / \mathrm{d}s_1 < 0$，即厂商 2 在两阶段的最优定价会随着 s_1 的增大而降低；当 $A_1 < \bar{a}$ 时，$\mathrm{d}p_{21}^{*} / \mathrm{d}s_1 > 0$，$\mathrm{d}p_{22}^{*} / \mathrm{d}s_1 > 0$，即厂商 2 在两阶段的最优定价会随着 s_1 的增大而增高。

通过以上的数理推导，我们发现：

结论 3　在双寡头厂商对市场需求总量的预测态度一致（即 A_1、$A_2 > \bar{a}$ 或 A_1、$A_2 < \bar{a}$）的条件下，当预测值都高于市场需求期望值时，那么双寡头厂商掌握的市场需求信息越多，其在两阶段的最优定价就越高；反之，双寡头厂商在两阶段的最优定价就越低。对于一个厂商而言，在对手的预测结果高于市场需求期望值的条件下，当对手掌握的市场信息越多时，则该厂商在两阶段的最优定价越高；反之，其在两阶段的最优定价越低。相反，当预测值都低于市场需求期望值时，那么双寡头厂商掌握的市场需求信息越多，其在两阶段的最优定价就越低；反之，双寡头厂商在两阶段的最优定价就越高。对于一个厂商而言，在对手的预测结果低于市场需求期望值的条件下，当对手掌握的市场信息越多时，则该厂商在两阶段的最优定价越低；反之，其在两阶段的最优定价越高。

3.3.4　市场预测水平对厂商不同预期下最优定价的影响

根据前文的理论假设，我们知道耐用品双寡头厂商想要准确预测市场需求状况的前提是双寡头厂商掌握丰富的耐用品市场需求信息，即预测的方差 s_i 要非常小；反之，如果双寡头厂商对市场需求量预测的方差 s_i 很大，表明双寡头厂商掌握的耐用品市场需求信息很少，其对市场需求的预测就会失真。因此，我们再一次通过方差 s_i 的大小是反映双寡头厂商掌握信息的多少的假设前提，来解决本部

分的问题。根据式(3-10)和式(3-11)，我们已经知道：

$$\frac{\mathrm{d}p_{11}^*}{\mathrm{d}v} = C\frac{s_1}{(v+s_1)^2}(A_1-\overline{a}) + D\frac{s_2}{(v+s_2)^2}(A_2-\overline{a}) \tag{3-22}$$

$$\frac{\mathrm{d}p_{21}^*}{\mathrm{d}v} = M\frac{s_1}{(v+s_1)^2}(A_1-\overline{a}) + N\frac{s_2}{(v+s_2)^2}(A_2-\overline{a}) \tag{3-23}$$

再令 $f(s_i) = s_i/(v+s_i)^2$，因为 $f'(s_i) = (v^2-s_i^2)/(v+s_i)^4$，可见，由假设 $s_i < v$，故 $f'(s_i) > 0$。

由此可得到，当 $A_1 > \overline{a} > A_2$ 且 $|A_1-\overline{a}| > |A_2-\overline{a}|$ 时，如果 $v > s_1 > s_2$，$f(s_1) > f(s_2)$，则有 $\mathrm{d}p_{11}^*/\mathrm{d}v > 0$，即厂商 1 在第一阶段的最优定价会随着 v 的增大而增高。

同理，当 $A_2 > \overline{a} > A_1$ 且 $|A_2-\overline{a}| > |A_1-\overline{a}|$ 时，如果 $v > s_2 > s_1$，$f(s_2) > f(s_1)$，则有 $\mathrm{d}p_{21}^*/\mathrm{d}v > 0$，即厂商 2 在第一阶段的最优定价会随着 v 的增大而增高。

当 $A_2 > \overline{a} > A_1$ 且 $|A_1-\overline{a}| > |A_2-\overline{a}|$ 时，如果 $v > s_2 > s_1$，$f(s_2) > f(s_1)$，则有 $\mathrm{d}p_{11}^*/\mathrm{d}v < 0$，即厂商 1 在第一阶段的最优定价会随着 v 的增大而降低。

同理，当 $A_1 > \overline{a} > A_2$ 且 $|A_2-\overline{a}| > |A_1-\overline{a}|$ 时，如果 $v > s_1 > s_2$，$f(s_1) > f(s_2)$，则有 $\mathrm{d}p_{21}^*/\mathrm{d}v < 0$，即厂商 2 在第一阶段的最优定价会随着 v 的增大而降低。

通过上面的分析，我们可以得知：

结论 4 当双寡头厂商对需求总量期望的态度不一致，且出现一方悲观而另一方乐观的情形时（ $A_i > \overline{a} > A_j; i,j=1,2; i \neq j$ ），在乐观方的预测结果偏离市场需求期望值较大（ $|A_i-\overline{a}| > |A_j-\overline{a}|$ ），当乐观方厂商掌握信息量较少时，市场波动越大，其在第一阶段的最优定价越高；在悲观方厂商预测结果偏离市场需求期望值较大（即 $|A_j-\overline{a}| > |A_i-\overline{a}|$ ），当悲观方厂商掌握信息量较多时，市场波动越大，其在第一阶段的最优定价越低。相反，当乐观方厂商掌握信息量较少时，市场波动越小，其在第一阶段的最优定价越低；如果悲观方厂商预测结果偏离市场需求期望值较大（即 $|A_j-\overline{a}| > |A_i-\overline{a}|$ ），当悲观方厂商掌握信息量较多时，市场波动越小，其在第一阶段的最优定价越高。

3.4　本章小结

本章在第 2 章耐用品垄断生产厂商在市场需求预测情况下多期定价研究的基础上，对耐用品双寡头厂商在市场总需求不确定即掌握市场信息量不准确的情况下的两阶段最优定价问题给予了深入研究。通过研究发现，耐用品市场的需求波动和双寡头厂商所掌握的信息量都会对两阶段的最优定价产生影响，同时发现在双寡头厂商对市场的预测值都大于(或小于)市场总需求量的期望值以及其对市场预测值不一致的情况下，耐用品市场的需求波动和所掌握的信息量都会对两阶段的最优定价产生不同的影响。本章较为深入地研究了耐用品双寡头厂商在市场需求趋势预测相同的情况下，市场需求波动对厂商最优博弈定价的影响；耐用品双寡头厂商在市场需求趋势预测不一致的情况下，市场需求波动对厂商最优博弈定价的影响；耐用品双寡头厂商在市场需求趋势预测一致的情况下，厂商掌握市场信息量的多少对厂商最优博弈定价的影响；在耐用品双寡头厂商在市场需求趋势预测不一致的情况下，厂商掌握市场信息量的多少对厂商最优博弈定价的影响，并通过理论分析得到了一些很有现实市场意义和对双寡头厂商市场决策有科学指导意义的结论。

　　第 2 章和第 3 章的研究，只是考虑了众多影响耐用品生产厂商市场决策的市场环境因素中的一个方面，即厂商市场需求预测的不确定性。而对于影响耐用品生产厂商市场决策的其他一些因素的研究，在后面的章节将会给予进一步探讨。

第4章 耐用品厂商在以旧换新情况下的定价研究

　　本章以当前耐用品市场中普遍存在的厂商回收旧的老款产品推出新款产品的市场现象为着眼点，根据这一厂商策略所造成的市场环境的改变，对耐用品厂商的定价策略问题展开研究。研究中突出消费者对耐用品生产厂商市场策略的反应，从而把消费者的市场反应作为耐用品厂商市场定价决策的依据。本章首先根据消费者类型分布，从消费者效用入手分析在存在厂商以旧换新情况下新、老两款耐用品的消费需求结构，发现不同的价格组合内部关系对应着不同的消费需求结构。然后针对不同的消费需求结构，运用规划理论研究耐用品垄断生产商对新、老两款耐用品的两阶段最优定价问题，得到系统最优的定价组合，即老款产品在两个阶段的最优销售价格、旧的老款产品在第二阶段的最优回收价格以及在第二阶段所推出的新款产品的最优销售价格。此外，在最优定价组合的基础上，对耐用品价格的相关特征以及耐用品在系统最优条件下的性价比等指标的特征进行讨论，得到对耐用品厂商进行科学市场决策有指导意义的结论。

　　本章的研究实际上也是耐用品"计划废弃"问题的一个新发展，耐用品厂商计划废弃策略的手段之一就是推出新功能产品，从功能上废弃已经销售出去的旧的老款产品的使用价值。而以旧换新策略无疑是一种加速"计划废弃"的手段，当消费者还在犹豫是否付出更高的价格来购买具有新功能的新款产品的时候，以旧换新策略补偿了消费者的一部分损失，这往往能够使消费者果断地做出购买新款产品的决定，耐用品生产厂商也因此实现了其追求利润最大化的市场目的。

4.1　问　题　提　出

4.1.1　在以旧换新情况下的新、老两款耐用品定价研究

　　早在 20 世纪后期，就已经有从事耐用品理论研究的学者们开始涉及新、老耐用产品的定价及耐用品购回问题的研究。在 Conlisk 等(1984)的研究中，耐用品垄断销售商进行周期性的销售，在一般情况下，销售者会随时间变化不断调整其新、老耐用产品的价格。Sceekumar(2005)认为耐用品生产商选择的生产速度将使耐用品市场价格随时间而降低，而消费者对老款产品价格(Sceekumar， 2005)和新款产

品(Levinthal et al.，1989)的期望态度会影响其对老款产品的购买意愿，对此厂商可以采用多种销售策略，其中就包括限制老款产品的销售量，对旧的老款产品采取购回措施，对未来的新款产品提前进行介绍(Levinthal et al.，1989)，或者将耐用品租赁给消费者(Sceekumar，2005)。此外，耐用品的产品性能提高得越快，购回措施就更重要(Levinthal et al.，1989)。在耐用品市场中生产商可能面临的一个问题就是产品的销售将带来二手市场，而且二手市场可能并不被其控制，对此生产商会采取相应的措施，比如将其产品租赁出去，对未进入市场的新款产品做出有约束性的承诺(Bulow，1982)，或者对旧的老款产品采取购回措施(Levinthal et al.，1989)。此外，陈修素(2008)运用多元线性回归模型给出了汽车的销售量和价格的需求函数关系，并对生产商的均衡定价策略进行了研究。徐鸿雁(2008)对汽车行业中的买断销售策略进行了分析，并找到了最优买断价格和买断数量决策。王晶(2007)研究了存在回购条件的情况下，图书出版行业供应链中批发商的优化定价策略问题，并指出回购价格和最高回购率会是影响批发商最优定价的重要因素；于辉(2005)的研究表明回购契约的改进可以使回购契约具有抵御突发事件的属性。从以上文献可以看出，耐用品的定价和旧产品的回收问题对厂商的收益和风险有着重大的影响，是耐用品厂商在市场决策中需要解决的重要问题。但是在耐用品的相关文献中，未曾有在厂商多阶段的决策过程中同时考虑新、老两款产品的销售定价和旧的老款产品回收定价等系统最优问题的，而在系统最优的价格组合条件下，多个价格之间的制约关系也是决策者需要解决的重要问题，这恰恰是本章研究的主要内容。

4.1.2　厂商定价与一般产品个性化定价模式相结合

个性化定价是目前市场中厂商所使用较为普遍的一种市场策略，它不同于"价格歧视"。因为价格歧视往往是垄断厂商强加给消费者的，而个性化定价是根据消费者对不同质量产品的效用评估制定出的可以使厂商谋求利润最大化的市场策略。Vidyanand(2005)是对个性化定价研究具有代表性的学者，他在竞争的市场环境下建立了研究个性化定价的理论框架，他指出厂商会根据消费者对不同产品的不同支付意愿来制定不同的产品价格。针对消费者对产品的质量评估，采取个性化定价策略的厂商定价是非线性的，当采取个性化定价的厂商生产高质量的产品时，市场中的厂商都会提高其产品的质量；相反，当采取个性化定价的厂商生产低质量的产品时，市场中各种产品的质量都会降低。尽管市场中的厂商都尽力提高其产品的质量，但是 Vidyanand(2005)发现，生产高质量产品的厂商的个性化定价策略会变得很难实施，因此，在制定产品质量策略时，就需要将区别于竞争者的产品质量确定在一定的范围之内，这将加剧市场中厂商间产品质量的竞争，但是竞争的结果是消费者的社会福利得到提高。

Vidyanand(2005)研究了市场价格竞争中的产品质量差异化和个性化定价的

问题，在其研究之中，消费者的效用决定了消费者在市场中的行为选择，本章的研究正是借鉴这一思想，通过分析消费者在不同价格条件下获得的效用，来确定消费者在市场中的行动选择，进而运用规划理论研究垄断生产商关于新、老两款耐用品及旧的老款产品回收的两阶段定价问题，并通过相关结论的市场分析，为厂商的定价决策提供量化的科学指导。

4.2　消费需求分析与在以旧换新情况下的定价模型

4.2.1　模型概述

本章所建立的模型是耐用品垄断厂商在以旧换新策略影响下的新、老两款耐用品的两阶段定价模型，书中所提到的新产品并非普通意义上的崭新的、没有使用过的产品，而是在技术和使用功能上进行了提升、在质量上明显优于先前生产的耐用品的新款产品。此外，消费者对于在质量上存在明显差异的新、老两款产品有着其自身的差异化评估尺度，我们将消费者的这种对有区别产品的质量评估行为定义为异质性。同时，我们引入 Vidyanand(2005)的消费者净效用函数，作为消费者区分不同质量的耐用品的量化衡量标准。

为了方便研究，本章所涉及的各个变量的定义如下：

p_{11}：耐用品厂商在第一阶段销售产品的价格；

p_{22}：耐用品厂商在第二阶段销售新款产品的价格；

p_{12}：耐用品厂商在第二阶段销售老款产品(相对新款产品，将先前销售的产品称为老款产品)的价格；

p'_{12}：耐用品厂商在第二阶段回收使用过的老款产品的价格；

U：消费者净效用；

$U_{1,new}$：第一阶段没有购买产品的消费者在第二阶段选择购买新款产品所获得的净效用；

$U_{1,old}$：第一阶段没有购买产品的消费者在第二阶段选择购买老款产品所获得的净效用；

$U_{1,no}$：第一阶段没有购买产品的消费者在第二阶段也选择不购买产品所获得的净效用；

$U_{2,new}$：第一阶段购买了产品的消费者在第二阶段选择购买新款产品所获得的净效用；

$U_{2,old}$：第一阶段购买了产品的消费者在第二阶段仍选择购买老款产品所获得的净效用；

$U_{2,\mathrm{no}}$：第一阶段购买了产品的消费者在第二阶段选择不再购买产品所获得的净效用；

δ：由于消费者第一阶段对产品的使用，而在第二阶段产品所剩余的产品综合性能的比例，$0 < \delta < 1$；

θ：选择购买不同耐用产品的消费者的类型，θ 在 $[0,1]$ 上服从均匀分布；

v：老款产品的综合性能；

Δ：新款产品在老款产品基础上提升了的综合性能；

p：消费者的购买价格。

为了使分析具有现实意义，上述参数应满足下列关系：

$$p_{11} > 0 , \quad p_{22} > 0 , \quad p_{12} > 0 , \quad p'_{12} > 0 , \quad p > 0 ;$$

$$p_{22} > p_{12} > p'_{12} > 0 ;$$

$$0 < \delta < 1 ; \quad 0 < \theta < 1 ; \quad v > 0 ; \quad \Delta > 0$$

4.2.2　基本假设

在考虑到耐用品垄断生产厂商的定价受到其以旧换新策略的影响，并且耐用品具有两个阶段消费特性的基础上，我们在建模时提出了下面的基本假设：

(1) 由于耐用品使用的多期性特点，假设该耐用品可以使用两个阶段；

(2) 假设垄断生产商在两阶段内生产和销售某种耐用产品，在第二阶段垄断厂商将推出在技术和功能等方面升级了的新款产品；

(3) 假设在两个使用周期里一个消费者最多持有一个单位的产品，则对第一阶段已经购买了产品的消费者而言，在第二阶段采取购买行为便意味着先将旧的老款产品出售（即被厂商购回）后，再购买新产品；

(4) 假设消费者在第一阶段不能预测到产品在第二阶段的技术和功能升级情况。

4.2.3　耐用品消费需求分析

根据消费者对产品评价的异质性特征，设 v 为产品的综合性能，那么消费者净效用函数为 $U = \theta v - p$（Vidyanand，2005）。其中，θ 为消费者类型，且 θ 在 $[0,1]$ 上服从均匀分布；p 为购买价格。消费者在两阶段的购买行动表示为图 4-1：消费者在第一阶段的行动空间为购买产品和不买产品；在第二阶段的行动空间为不购买产品，买老款产品和买新款产品。

第一阶段耐用品消费需求分析：

根据基本假设，消费者在第一阶段是不能预测到产品在第二阶段的技术和功能升级情况的，那么在第一阶段，当消费者所获净效用 $U = \theta v - p_{11} > 0$ 时，就选择购买产品；反之，消费者就选择不购买产品。因而，可以得到 $\theta \in [p_{11}/v, 1]$ 类型的消费者将购买产品，而 $\theta \in [0, p_{11}/v)$ 类型的消费者将选择不购买产品。

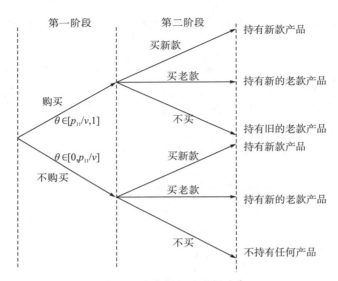

图 4-1   消费者行动选择路径

第二阶段耐用品消费需求分析：

（1）对于在第一阶段没有选择购买产品的消费者（即消费者类型为 $\theta \in [0, p_{11}/v)$），其在第二阶段选择购买新款产品所获得的净效用为 $U_{1,new} = \theta(v+\Delta) - p_{22}$；其在第二阶段选择购买老款产品所获得的净效用为 $U_{1,old} = \theta v - p_{12}$；此外，其在第二阶段选择不购买任何产品所获得的净效用为 $U_{1,no} = 0$。对于 $\theta \in [0, p_{11}/v)$ 类型消费者，其选择购买新款产品的充要条件为

$$\begin{cases} U_{1,new} > U_{1,old} \\ U_{1,new} \geqslant U_{1,no} \end{cases} \tag{4-1}$$

由式（4-1），可得类型 $\theta \geqslant \max\{(p_{22} - p_{12})/\Delta, p_{22}/(v+\Delta)\}$ 的消费者选择购买新款产品；同理，消费者选择购买老款产品的充要条件为

$$\begin{cases} U_{1,old} > U_{1,new} \\ U_{1,old} \geqslant U_{1,no} \end{cases} \tag{4-2}$$

由式（4-2），可得选择购买老款产品的消费者类型为 $\theta < (p_{22} - p_{12})/\Delta$，且 $\theta \geqslant p_{12}/v$；同理得到，选择"不购买"任何产品的消费者类型为 $\theta < \min\{p_{22}/(v+\Delta), p_{12}/v\}$。

根据式（4-1）和式（4-2）分析市场需求结构，不难发现 $(p_{22} - p_{12})/\Delta$ 与 p_{12}/v 的大小关系（价格组合内部关系）影响消费者的购买行为，由此，我们可以通过以下两种情况进行讨论。

情况①：$(p_{22} - p_{12})/\Delta \leqslant p_{12}/v$。

$\theta \in [0, p_{22}/(v+\Delta)) \bigcap [0, p_{11}/v)$ 类型的消费者不购买任何产品；$\theta \in [p_{22}/(v+\Delta), 1] \bigcap [0, p_{11}/v)$ 类型的消费者选择购买新款产品；另外，在这种条件

下，没有消费者购买老款产品。

情况②：$(p_{22} - p_{12}) / \Delta > p_{12} / v$。

$\theta \in [0, p_{12} / v) \bigcap [0, p_{11} / v)$ 类 型 的 消 费 者 不 购 买 任 何 产 品；$\theta \in [p_{12} / v, (p_{22} - p_{12}) / \Delta) \bigcap [0, p_{11} / v)$ 类 型 的 消 费 者 购 买 老 款 产 品；$\theta \in [p_{12} / v, 1] \bigcap [0, p_{11} / v)$ 类型的消费者选择购买新款产品。

(2) 对于在第一阶段已购买产品的消费者 (即 $\theta \in [p_{11} / v, 1]$)，其在第二阶段选择购买新款产品所获得的净效用为 $U_{2,\text{new}} = \theta(v + \Delta) - p_{22} + p'_{12}$；其在第二阶段选择购买老款产品所获得的净效用为 $U_{2,\text{old}} = \theta v - p_{12} + p'_{12}$；此外，其在第二阶段选择不再购买产品所获得的净效用为 $U_{2,\text{no}} = \theta \delta v$。因而，对于 $\theta \in [p_{11} / v, 1]$ 类型的消费者而言，其在第二阶段选择购买新款产品的充要条件为

$$\theta \geqslant \max\{(p_{22} - p'_{12}) / (v + \Delta - \delta v), (p_{22} - p_{12}) / \Delta\};$$

而其在第二阶段选择购买老款产品的充要条件为

$$(p_{12} - p'_{12}) / (v - \delta v) \leqslant \theta < (p_{22} - p_{12}) / \Delta;$$

其在第二阶段选择不再购买产品的充要条件为

$$\theta < \min\{(p_{22} - p'_{12}) / (v + \Delta - \delta v), (p_{22} - p'_{12}) / (v - \delta v)\}。$$

不难发现，$(p_{12} - p'_{12}) / (v - \delta v)$ 与 $(p_{22} - p_{12}) / \Delta$ 的大小关系 (价格组合内部关系) 影响消费者的购买行为，同样，我们也分以下两种情况进行讨论。

(a) 当 $(p_{12} - p'_{12}) / (v - \delta v) \geqslant (p_{22} - p_{12}) / \Delta$ 时：

$\theta \in [0, (p_{22} - p'_{12}) / (v + \Delta - \delta v)) \bigcap [p_{11} / v, 1]$ 类型的消费者在第二阶段不再购买任何产品；$\theta \in [(p_{22} - p'_{12}) / (v + \Delta - \delta v), 1] \bigcap [p_{11} / v, 1]$ 类型的消费者在第二阶段卖掉了旧的老款产品，且购买了新款产品；另外，由于 $[(p_{22} - p'_{12}) / (v - \delta v), (p_{22} - p_{12}) / \Delta]$ 为空集，因此，在此条件下，第一阶段已购买产品的消费者在第二阶段无人购买老款产品。

(b) 当 $(p_{12} - p'_{12}) / (v - \delta v) < (p_{22} - p_{12}) / \Delta$ 时：

$\theta \in [0, (p_{12} - p'_{12}) / (v - \delta v)) \bigcap [p_{11} / v, 1]$ 类型的消费者在第二阶段不购买任何产品；$\theta \in [(p_{12} - p'_{12}) / (v - \delta v), (p_{22} - p_{12}) / \Delta) \bigcap [p_{11} / v, 1]$ 类型的消费者在第二阶段卖掉了旧的老款产品，且购买了新的老款产品 (在后文的分析中，我们会发现在厂商最优定价的前提下，在第二阶段是不存在这种类型消费者的)；此外，$\theta \in [(p_{22} - p_{12}) / \Delta, 1] \bigcap [p_{11} / v, 1]$ 类型的消费者在第二阶段选择购买新款产品。

根据情况①和②以及情况 (a) 和 (b) 的分析，我们可以发现，耐用品垄断厂商的价格组合若满足不同的关系，就对应着因消费者效用而区分了的不同的市场需求结构。

4.2.4 厂商在以旧换新情况下的两阶段定价模型

根据前文的市场需求分析我们可以看到，价格之间的关系变化，如情况①和②以及情况 (a) 和 (b)，将产生不同的市场需求结构，使厂商具有不同的收入来源。由此，将价格之间的关系作为约束条件，以厂商的收入函数为目标函数，我们利

用目标规划建立耐用品垄断厂商在以旧换新情况影响下的新、老两款耐用品的两阶段定价模型，目的是为了确定耐用品垄断厂商两阶段的最优定价组合。

当耐用品的价格关系满足情况 (a) 的条件时，即在满足不等式 $(p_{12} - p'_{12})/(v - \delta v) \geqslant (p_{22} - p_{12})/\Delta$ 的情况下，建立规划 (I)。

$$
(I)\begin{cases}
\max \quad Z = \left(1 - \dfrac{p_{11}}{v}\right)p_{11} + \left[\dfrac{\lambda_1(p_{11} - p_{12})}{v} + (\lambda_2 + \lambda_3)\left(\dfrac{p_{22} - p_{12}}{\Delta} - \dfrac{p_{12}}{v}\right)\right]p_{12} \\[2mm]
\qquad\quad + \lambda_3\left(\dfrac{p_{11}}{v} - \dfrac{p_{22} - p_{12}}{\Delta}\right)p_{22} + \lambda_4 \dfrac{p_{11} - p_{12}}{v}p_{12} \\[2mm]
\qquad\quad + \left[(\lambda_1 + \lambda_2)\left(1 - \dfrac{p_{22} - p'_{12}}{\Delta + v - \delta v}\right) + \lambda_3\left(1 - \dfrac{p_{11}}{v}\right) + \lambda_4\left(1 - \dfrac{p_{22} - p_{12}}{\Delta}\right)\right](p_{22} - p'_{12}) \\[2mm]
(\lambda_1 + \lambda_2)\left(1 - \dfrac{p_{22} - p'_{12}}{\Delta + v - \delta v}\right) \geqslant 0 \\[2mm]
\dfrac{p_{22} - p_{12}}{\Delta} - \dfrac{p_{12} - p'_{12}}{v - \delta v} \leqslant 0 \\[2mm]
(\lambda_1 + \lambda_2)\left(\dfrac{p_{22} - p'_{12}}{\Delta + v - \delta v} - \dfrac{p_{11}}{v}\right) \geqslant 0 \\[2mm]
(\lambda_2 - \lambda_1 - \lambda_4)\left(\dfrac{p_{11}}{v} - \dfrac{p_{22} - p_{12}}{\Delta}\right) \geqslant 0 \\[2mm]
\lambda_1\left(1 - \dfrac{p_{22} - p_{12}}{\Delta}\right) + \lambda_2\left(\dfrac{p_{22} - p_{12}}{\Delta} - \dfrac{p_{12}}{v}\right) \geqslant 0 \\[2mm]
(\lambda_3 + \lambda_4)\left(1 - \dfrac{p_{11}}{v}\right) \geqslant 0 \\[2mm]
(\lambda_3 - \lambda_4)\left(\dfrac{p_{11}}{v} - \dfrac{p_{22} - p'_{12}}{\Delta + v - \delta v}\right) \geqslant 0 \\[2mm]
(\lambda_3 + \lambda_4)\left(\dfrac{p_{22} - p'_{12}}{\Delta + v - \delta v} - \dfrac{p_{22} - p_{12}}{\Delta}\right) \geqslant 0 \\[2mm]
(\lambda_3 + \lambda_4)\left(\dfrac{p_{22} - p_{12}}{\Delta} - \dfrac{p_{12}}{v}\right) \geqslant 0 \\[2mm]
p_{22} > p_{12} > p'_{12} > 0 \\[1mm]
0 < \delta < 1 \\[1mm]
p_{11}, v, \Delta > 0 \\[1mm]
\lambda_1 + \lambda_2 + \lambda_3 + \lambda_4 = 1, 且\lambda_1、\lambda_2、\lambda_3、\lambda_4皆为0\sim1的变量
\end{cases}
$$

当耐用品的价格关系满足情况 (b) 的条件时，即在满足不等式 $(p_{12} - p'_{12})/(v - \delta v) < (p_{22} - p_{12})/\Delta$ 的情况下，建立规划 (II)。

$$(\text{II})\begin{cases}\max\quad Z=\left(1-\dfrac{p_{11}}{v}\right)p_{11}+\left[\kappa_2\left(\dfrac{p_{22}-p_{12}}{\Delta}-\dfrac{p_{12}}{v}\right)+\dfrac{(\kappa_3+\kappa_4)(p_{11}-p_{12})}{v}\right]p_{12}\\[3mm]\qquad+\left[\kappa_1\left(\dfrac{p_{11}}{v}-\dfrac{p_{22}}{\Delta+v}\right)+\kappa_2\left(\dfrac{p_{11}}{v}-\dfrac{p_{22}-p_{12}}{\Delta}\right)\right]p_{22}\\[3mm]\qquad+\left[\kappa_3\left(\dfrac{p_{22}-p_{12}}{\Delta}-\dfrac{p_{11}}{v}\right)+\kappa_4\left(\dfrac{p_{22}-p_{12}}{\Delta}-\dfrac{p_{12}-p_{12}'}{v-\delta v}\right)\right](p_{12}-p_{12}')\\[3mm]\qquad+\left[(\kappa_1+\kappa_2)\left(1-\dfrac{p_{11}}{v}\right)+(\kappa_3+\kappa_4)\left(1-\dfrac{p_{22}-p_{12}}{\Delta}\right)\right](p_{22}-p_{12}')\\[3mm]\dfrac{p_{22}-p_{12}}{\Delta}-\dfrac{p_{12}-p_{12}'}{v-\delta v}\geqslant 0\\[3mm](\kappa_2+\kappa_3+\kappa_4-\kappa_1)\left(\dfrac{p_{22}-p_{12}}{\Delta}-\dfrac{p_{12}}{v}\right)\geqslant 0\\[3mm](\kappa_1+\kappa_2-\kappa_3-\kappa_4)\left(\dfrac{p_{11}}{v}-\dfrac{p_{22}-p_{12}}{\Delta}\right)\geqslant 0\\[3mm](\kappa_4-\kappa_3)\left(\dfrac{p_{12}-p_{12}'}{v-\delta v}-\dfrac{p_{11}}{v}\right)\geqslant 0\\[3mm]p_{22}>p_{12}>p_{12}'>0\\[2mm]0<\delta<1\\[2mm]p_{11},v,\Delta>0\\[2mm]\kappa_1+\kappa_2+\kappa_3+\kappa_4=1,\text{且}\kappa_1、\ \kappa_2、\ \kappa_3、\ \kappa_4\text{皆为}0\sim1\text{的变量}\end{cases}$$

4.3　在以旧换新情况下的最优价格的确定

4.3.1　对第二阶段都选择购买新款产品的消费者的最优定价

消费者在第一阶段选择购买耐用品，并且其在第二阶段选择购买新款耐用品的情况，对应的定价模型是规划 (I)。在规划 (I) 中，λ 不同的取值对应着不同的约束条件和目标函数的具体形式，即对应着不同的价格组合关系、不同的市场需求结构和厂商不同的收入来源。如 $\lambda_1=1$ 或 $\lambda_2=1$ 分别对应着规划 (a_1) 和规划 (a_2)，其市场需求结构分别如图 4-2、图 4-3 所示。

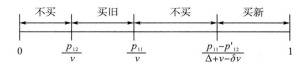

图 4-2　规划 (a_1) 对应的市场需求结构

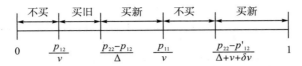

图 4-3 规划 (a_2) 对应的市场需求结构

由此，规划 (I) 可分解为四个非线性规划，四个规划可行域的并集为 $\{p|(p_{12}-p_{12}')/(v-\delta v) \geqslant (p_{22}-p_{12})/\Delta\}$，两两的交集不全为空集。下面首先对规划 ($a_1$) 和规划 ($a_2$) 求解。

$$(a_1)\begin{cases} \max\ Z = \left(1-\dfrac{p_{11}}{v}\right)p_{11} + \dfrac{(p_{11}-p_{12})}{v}p_{12} + \left(1-\dfrac{p_{22}-p_{12}'}{\Delta+v-\delta v}\right)(p_{22}-p_{12}') \\[2mm] \dfrac{p_{11}}{v} \leqslant \dfrac{p_{22}-p_{12}'}{\Delta+v-\delta v} \leqslant 1 \\[2mm] \dfrac{p_{22}-p_{12}}{\Delta} \geqslant \dfrac{p_{11}}{v} \\[2mm] p_{22} > p_{12} > p_{12}' > 0 \\[1mm] 0 < \delta < 1 \\[1mm] p_{11},v,\Delta > 0 \end{cases}$$

$$(a_2)\begin{cases} \max\ Z = \left(1-\dfrac{p_{11}}{v}\right)p_{11} + \left(\dfrac{p_{22}-p_{12}}{\Delta}-\dfrac{p_{12}}{v}\right)p_{12} + \left(\dfrac{p_{11}}{v}-\dfrac{p_{22}-p_{12}}{\Delta}\right)p_{22} \\[2mm] \qquad\qquad + \left(1-\dfrac{p_{22}-p_{12}'}{\Delta+v-\delta v}\right)(p_{22}-p_{12}') \\[2mm] \dfrac{p_{12}-p_{12}'}{v-\delta v} \geqslant \dfrac{p_{22}-p_{12}}{\Delta} \geqslant \dfrac{p_{12}}{v} \\[2mm] \dfrac{p_{22}-p_{12}'}{\Delta+v-\delta v} \geqslant \dfrac{p_{11}}{v} \geqslant \dfrac{p_{22}-p_{12}}{\Delta} \\[2mm] p_{22} > p_{12} > p_{12}' > 0 \\[1mm] 0 < \delta < 1 \\[1mm] p_{11},v,\Delta > 0 \end{cases}$$

首先，去掉规划 (a_1) 中最后三行约束，整理松弛规划 (a_1') 为

$$(a_1')\begin{cases} \min\ (-Z) = \left(-1+\dfrac{p_{11}}{v}\right)p_{11} - \dfrac{(p_{11}-p_{12})}{v}p_{12} - \left(1-\dfrac{p_{22}-p_{12}'}{\Delta+v-\delta v}\right)(p_{22}-p_{12}') \\[2mm] g_1 = 1-\dfrac{p_{22}-p_{12}'}{\Delta+v-\delta v} \geqslant 0 \\[2mm] g_2 = \dfrac{p_{22}-p_{12}'}{\Delta+v-\delta v} - \dfrac{p_{11}}{v} \geqslant 0 \\[2mm] g_3 = \dfrac{p_{22}-p_{12}}{\Delta} - \dfrac{p_{11}}{v} \geqslant 0 \end{cases}$$

目标函数和约束条件的梯度(分别对四个决策变量求一阶导数而得到的转置矩阵)为

$$\nabla(-Z) = \left(-1 + \frac{2p_{11} - p_{12}}{v}, \frac{2p_{12} - p_{11}}{v}, 1 - \frac{2(p_{22} - p'_{12})}{v + \Delta - \delta v}, -1 + \frac{2(p_{22} - p'_{12})}{v + \Delta - \delta v} \right)^{\mathrm{T}}$$

$$\nabla g_1 = \left(0, 0, \frac{1}{\Delta + v - \delta v}, -\frac{1}{\Delta + v - \delta v} \right)^{\mathrm{T}}$$

$$\nabla g_2 = \left(-\frac{1}{v}, 0, -\frac{1}{\Delta + v - \delta v}, \frac{1}{\Delta + v - \delta v} \right)^{\mathrm{T}}$$

$$\nabla g_3 = \left(-\frac{1}{v}, -\frac{1}{\Delta}, 0, \frac{1}{\Delta} \right)^{\mathrm{T}}$$

则该规划的 $K - T$ 条件为

$$\begin{cases} \nabla(-Z) - \sum_{i=1}^{3} \mu_i g_i = 0 \\ \mu_i g_i = 0, \quad \mu_i \geq 0, i = 1,2,3 \end{cases}$$

当 $\mu_1 = \mu_3 = 0, \mu_2 > 0$ 时，求解 $K - T$ 条件构成的方程组得

$$p_{11}^* = \frac{2v(\Delta + 2v - \delta v)}{4\Delta - 4\delta v + 7v}$$

$$p_{12}^* = \frac{v(\Delta + 2v - \delta v)}{4\Delta - 4\delta v + 7v}$$

$$p_{12}^{'*} = \frac{(\Delta + 2v - \delta v)(2\delta v - v)}{4\Delta - 4\delta v + 7v}$$

$$p_{22}^* = \frac{(\Delta + 2v - \delta v)(2\Delta + v)}{4\Delta - 4\delta v + 7v}$$

又因为，规划 (a'_1) 和 (a_1) 的约束条件皆为线性约束，求目标函数 $(-Z)$ 的海萨尼矩阵为

$$\begin{bmatrix} 2/v & -1/v & 0 & 0 \\ -1/v & 2/v & 0 & 0 \\ 0 & 0 & 2/(\Delta + v - \delta v) & -2/(\Delta + v - \delta v) \\ 0 & 0 & -2/(\Delta + v - \delta v) & 2/(\Delta + v - \delta v) \end{bmatrix}$$

由于该矩阵为正定矩阵(证明过程见附录 2)，目标函数 $(-Z)$ 为凸函数，因此规划 (a'_1) 和 (a_1) 为凸规划。

根据规划 (a'_1) 和 (a_1) 为凸规划，可知满足 $K - T$ 条件的 $p_{11}^*, p_{12}^*, p_{12}^{'*}, p_{22}^*$ 为规划的唯一最优解，因此，也是规划 (a_1) 的最优解。

同理，根据规划 (a_2)，我们省去部分约束，转化为松弛规划 (a'_2)：

$$(a_2')\begin{cases}\min \ (-Z) = \left(-1+\dfrac{p_{11}}{v}\right)p_{11} + \left(-\dfrac{p_{22}-p_{12}}{\Delta}+\dfrac{p_{12}}{v}\right)p_{12} + \left(-\dfrac{p_{11}}{v}+\dfrac{p_{22}-p_{12}}{\Delta}\right)p_{22} \\ \qquad\qquad + \left(-1+\dfrac{p_{22}-p_{12}'}{\Delta+v-\delta v}\right)(p_{22}-p_{12}') \\[2mm] g_1 = \dfrac{p_{22}-p_{12}'}{\Delta+v-\delta v} - \dfrac{p_{11}}{v} \geqslant 0 \\[2mm] g_2 = \dfrac{p_{11}}{v} - \dfrac{p_{22}-p_{12}}{\Delta} \geqslant 0\end{cases}$$

目标函数和约束条件的梯度为

$$\nabla(-Z) = \begin{pmatrix} -1+\dfrac{2p_{11}-p_{22}}{v} \\[2mm] \dfrac{2p_{12}}{v}+\dfrac{2p_{12}-p_{22}}{\Delta} \\[2mm] 1-\dfrac{2(p_{22}-p_{12}')}{v+\Delta-\delta v} \\[2mm] \dfrac{2(p_{22}-p_{12})}{\Delta}-1+\dfrac{2(p_{22}-p_{12}')}{v+\Delta-\delta v}\end{pmatrix}, \quad \nabla g_1 = \begin{pmatrix} -\dfrac{1}{v} \\[2mm] 0 \\[2mm] -\dfrac{1}{\Delta+v-\delta v} \\[2mm] \dfrac{1}{\Delta+v-\delta v}\end{pmatrix}, \quad \nabla g_2 = \begin{pmatrix} \dfrac{1}{v} \\[2mm] \dfrac{1}{\Delta} \\[2mm] 0 \\[2mm] -\dfrac{1}{\Delta}\end{pmatrix}$$

列出该规划 $K-T$ 条件为

$$\begin{cases}\nabla(-Z) - \displaystyle\sum_{i=1}^{2}\mu_i g_i = 0 \\ \mu_i g_i = 0, \quad \mu_i \geqslant 0, i=1,2\end{cases}$$

当 $\mu_1 > 0$，$\mu_2 = 0$ 时，求解 $K-T$ 条件方程组得

$$p_{11}^{**} = \frac{2v(\Delta+2v-\delta v)}{3\Delta-4\delta v+7v}$$

$$p_{12}^{**} = \frac{v(\Delta+2v-\delta v)}{3\Delta-4\delta v+7v}$$

$$p_{12}'^{**} = \frac{(\Delta+2v-\delta v)(2\delta v-v)}{3\Delta-4\delta v+7v}$$

$$p_{22}^{**} = \frac{(\Delta+2v-\delta v)(2\Delta+v)}{3\Delta-4\delta v+7v}$$

又因为，规划 (a_2') 和 (a_2) 的约束条件皆为线性约束，求目标函数 $(-Z)$ 的海萨尼矩阵为

$$\begin{bmatrix} 2/v & 0 & 0 & -1/v \\ 0 & 2/v+2/\Delta & 0 & -1/\Delta \\ 0 & 0 & 2/(\Delta+v-\delta v) & -2/(\Delta+v-\delta v) \\ 0 & -2/\Delta & -2/(\Delta+v-\delta v) & 2/\Delta+2/(\Delta+v-\delta v)\end{bmatrix}$$

由于该矩阵为正定矩阵(证明过程见附录 3)，目标函数 $(-Z)$ 为凸函数，因此

规划 (a_2') 和 (a_2) 为凸规划。因而上述解为松弛规划的最优解，显然，该解为从原规划中省去了约束后得到的新规划的解，因此该解为规划 (a_2) 的最优解。

规划 (a_1) 及规划 (a_2) 的最优解对应的市场需求结构如图 4-4、图 4-5 所示，不难发现它们分别是图 4-2 和图 4-3 的特例。

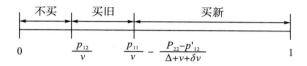

图 4-4　规划 (a_1) 最优解对应的市场需求结构

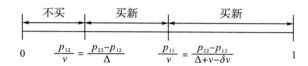

图 4-5　规划 (a_2) 最优解对应的市场需求结构

同理，可求得规划 (a_3) 和 (a_4) 的最优解分别与规划 (a_2) 和 (a_1) 相同（求解过程略）。不难发现，规划 (a_1) 的最优解是规划 (a_2) 的可行解，即前者不优于后者，由此可知，规划 (a_2)〔或规划 (a_3)〕的最优解是规划 (I) 的最优解。

4.3.2　对第二阶段都仍选择购买老款产品的消费者的最优定价

消费者在第一阶段选择了购买耐用品，并且其在第二阶段仍然选择购买老款耐用品的情况，对应的定价模型是规划 (II)。在规划 (II) 中，K 不同的取值对应着不同的约束条件和目标函数，即对应着不同的价格组合关系、不同的市场需求结构和厂商不同的收入来源。对于规划 (II)，当 $\kappa_1 = 1 (\kappa_2 = \kappa_3 = \kappa_4 = 0)$ 时，规划 (II) 对应非线性规划 (b_1)：

$$
(b_1)\begin{cases}
\max \quad Z = \left(1 - \dfrac{p_{11}}{v}\right)p_{11} + \left(\dfrac{p_{11}}{v} - \dfrac{p_{22}}{\Delta + v}\right)p_{22} + \left(1 - \dfrac{p_{11}}{v}\right)(p_{22} - p_{12}') \\[2mm]
g_1 = \dfrac{p_{12}}{v} - \dfrac{p_{22} - p_{12}}{\Delta} \geqslant 0 \\[2mm]
g_2 = \dfrac{p_{22} - p_{12}}{\Delta} - \dfrac{p_{12} - p_{12}'}{v - \delta v} \geqslant 0 \\[2mm]
0 < \delta < 1, \quad p_{22} > p_{12} > p_{12}' > 0, \quad p, v, \Delta > 0
\end{cases}
$$

去掉最后一行约束，整理为其松弛规划 (b_1')，求 (b_1') 的 $K - T$ 条件方程组为

$$\begin{cases} -1+\dfrac{2p_{11}-p'_{12}}{v}=0 \\[2mm] 0-\mu_1\left(\dfrac{1}{v}+\dfrac{1}{\Delta}\right)+\mu_2\left(\dfrac{1}{\Delta}+\dfrac{1}{v-v\delta}\right)=0 \\[2mm] 1-\dfrac{p_{11}}{v}-\mu_2\dfrac{1}{v-v\delta}=0 \\[2mm] -1+\dfrac{2p_{22}}{\Delta+v}+\dfrac{\mu_1-\mu_2}{\Delta}=0 \\[2mm] \mu_1\left(\dfrac{p_{12}}{v}-\dfrac{p_{22}-p_{12}}{\Delta}\right)=0 \\[2mm] \mu_2\left(\dfrac{p_{22}-p_{12}}{\Delta}-\dfrac{p_{12}-p'_{12}}{v-v\delta}\right)=0 \end{cases}$$

若 $\mu_2=0$，根据 $K-T$ 条件中第三个方程可知 $p_{11}=v$，进而求得此时目标函数值为零，由此可知 $\mu_2=0$ 显然不对应规划的最优解，因此 $\mu_2>0$，再根据最后一个方程，可知规划的最优解将满足 $(p_{22}-p_{12})/\Delta=(p_{12}-p'_{12})/(v-v\delta)$，由此可知规划 (b'_1) 的约束条件 $(p_{22}-p_{12})/\Delta\geqslant(p_{12}-p'_{12})/(v-v\delta)$ 退化为 $(p_{22}-p_{12})/\Delta=(p_{12}-p'_{12})/(v-v\delta)$，规划的最优解在规划 (I) 的可行域之中。

同理，在其他三个非线性规划中，存在同样的性质，规划的最优解在规划 (I) 的可行域之中，由于规划 (I) 的最优解不满足 $(p_{22}-p_{12})/\Delta=(p_{12}-p'_{12})/(v-v\delta)$，因此在规划 (II) 的可行域内不存在优于规划 (I) 的最优解，从而在第一步选择规划 (II) 的可行域不会是厂商的最优决策，规划 (I) 的最优解将是整个定价决策的最优解，即 p_{11}^*、p_{12}^*、$p_{12}'^*$、p_{22}^*。

4.4 厂商两阶段最优定价的理论分析

4.4.1 在以旧换新情况下的新、老两款耐用品最优价格趋势

若厂商未从两阶段全局最优的角度进行决策，而是分别制定每个阶段的最优价格，则不难计算出老款产品每个阶段的垄断最优价格应为 $v/2$，而新款产品每个阶段的垄断最优价格为 $(v+\Delta)/2$，根据前面所求得的最优解可计算

$$\begin{aligned} p_{11}^{**}-\dfrac{v}{2} &=\dfrac{4v(\Delta+2v-\delta v)-v(3\Delta-4\delta v+7v)}{2(3\Delta-4\delta v+7v)} \\[2mm] &=\dfrac{v(\Delta+v)}{2(3\Delta-4\delta v+7v)}>0 \end{aligned} \tag{4-3}$$

$$p_{12}^{**}-\dfrac{v}{2}=\dfrac{v(2\delta v-\Delta-3v)}{2(3\Delta-4\delta v+7v)}<0 \tag{4-4}$$

$$p_{22}^{**} - \frac{v+\Delta}{2} = \frac{\Delta^2 + v^2(2\delta - 3)}{2(3\Delta - 4\delta v + 7v)}$$

$$= \frac{v^2[\Delta^2/v^2 - (3-2\delta)]}{2(3\Delta - 4\delta v + 7v)} < \frac{v^2[\Delta^2/v^2 - 1]}{2(3\Delta - 4\delta v + 7v)} \tag{4-5}$$

根据式(4-3)~式(4-5)可以知道，垄断生产商在采取以旧换新的情况下，综合考虑两个阶段所进行的最优定价，应具有如下趋势：

首先，第一阶段的老款产品最优定价高于老款产品每个阶段的最优定价，而第二阶段老款产品最优定价低于每个阶段的最优定价；当新款产品综合性能提高的比率 Δ/v 大于 $\sqrt{3-2\delta}$ 时(此时 Δ/v 至少要大于1)，第二阶段新款产品的最优定价高于每个阶段的最优定价，反之则小于每个阶段的最优定价。

其次，在考虑两阶段最优定价的过程中，垄断生产商实质上是适当牺牲产品在第一阶段的销售量，从而保障新款产品在推出后会有足够的市场空间，以使总体收益达到最大化。在第二阶段，若新款产品综合性能提高量低于一定程度（$\Delta/v < \sqrt{3-2\delta}$），新款产品的最优价格会低于每个阶段的最优定价，这是生产商面对局部已被占有的市场而做出的价格上的让步，从而达到全局最优。

4.4.2　厂商在以旧换新情况下的消费者消费倾向

比较规划(I)和规划(II)目标函数的形式，可以发现两者的市场需求结构是不同的，即在规划(II)中，存在第二阶段卖掉第一阶段购买的老款产品而在第二阶段再次购买新的老款产品的消费者[即式中含有 $(p_{12} - p_{12}')$ 一项]。再由规划(II)不存在可行解优于规划(I)的最优解的情况，可以判断，在存在耐用品厂商以旧换新现象的垄断市场最优定价的情况下，不存在"卖老买老"的消费者；各种类型的消费者在第二阶段更倾向于购买新款产品(这一点也可以通过对图4-5的观察得到)。

分别用 p_{11}^{**} 和 p_{12}^{**} 除以 p_{22}^{**} 可得到：

$$\frac{p_{22}^{**}}{p_{11}^{**}} = \frac{1}{2} + \frac{\Delta}{v} < \frac{\Delta+v}{v} \tag{4-6}$$

$$\frac{p_{22}^{**}}{p_{12}^{**}} = 1 + \frac{2\Delta}{v} > \frac{\Delta+v}{v} \tag{4-7}$$

式(4-6)和式(4-7)也可表示为

$$\begin{cases} \dfrac{\Delta+v}{p_{22}^{**}} > \dfrac{v}{p_{11}^{**}} \\[3mm] \dfrac{\Delta+v}{p_{22}^{**}} < \dfrac{v}{p_{12}^{**}} \end{cases}$$

从而，我们会发现：

结论 1　在存在以旧换新的情况下，垄断厂商在考虑两阶段最优定价的情形下，新款产品与老款产品价格之比会随着新款产品性能的提高而递增；新款产品的性价比高于第一阶段产品的性价比，低于第二阶段老款产品的性价比。

4.4.3　购回旧的老款产品的价格变化趋势

利用 $p_{12}'^{**}$ 除以 p_{12}^{**} 可得

$$\frac{p_{12}'^{**}}{p_{12}^{**}} = \frac{2p_{12}'^{**}}{p_{11}^{**}} = 2\delta - 1 \tag{4-8}$$

根据式(4-8)得知：

结论 2　在存在以旧换新的情况下，耐用品垄断厂商在考虑两阶段最优定价的情形下，产品购回价格与产品销售价格之比会随着老款产品的折旧因子 δ 的增大而提高，即产品折旧程度越低，价格比值越大，反之则越小。

利用 $p_{22}^{**} - p_{12}^{**}$ 除以 Δ 得

$$\begin{aligned}
\frac{p_{22}^{**} - p_{12}^{**}}{\Delta} &= \frac{2(\Delta + 2v - \delta v) - (3\Delta - 4\delta v + 7v)}{3\Delta - 4\delta v + 7v} + 1 \\
&= 1 + \frac{-(\Delta + 3v - 2\delta v)}{3\Delta - 4\delta v + 7v} < 1
\end{aligned} \tag{4-9}$$

从式(4-9)中可以发现：

结论 3　在存在以旧换新的情况下，耐用品垄断厂商在考虑两阶段最优定价的情形下，在第二阶段，新、老两款产品的价差低于新、老两款耐用品的性能之差。

4.5　现　实　意　义

我们之所以研究销售市场中耐用品生产厂商在以旧换新情况下的多期定价问题，是因为以往的研究文献未曾在厂商多阶段的决策过程中同时考虑新、老两款产品的销售定价和旧的老款产品回收定价等系统最优问题。在现实的耐用品市场中，随着厂商以旧换新策略的发展，已经有迹象表明，目前厂商的以旧换新策略在实施过程中遇到了发展的瓶颈，这就需要在理论研究中提出新颖的观点来指导现实市场。我们不妨通过国内汽车市场以旧换新的相关政府和企业策略的实施情况来说明这个问题。

2009 年 7 月 13 日，财政部、商务部和国家发展和改革委员会等联合印发了《汽车以旧换新实施办法》，办法规定在 2009 年 6 月 1 日～2010 年 5 月 31 日，将符合相关条件的汽车交售给依法设立的指定报废汽车回收拆解企业，并换购新车(百度文库 http://wenku.baidu.com/view/e99568ce0508763231121227.html)。(补贴标准见表 4-1。)

政府此举的目的旨在加强环保并刺激汽车市场需求，但是由于补贴金额的限制以及办理手续的烦琐，政策实施的效果并不明显。其实，早在 20 世纪西方国家

表 4-1　报废老旧汽车的补贴标准

报废老旧汽车的补贴标准	
中型载货车	13000 元
轻型载货车	9000 元
微型载货车	6000 元
中型载客车	11000 元
报废"黄标车"的补贴标准	
重型载货车	18000 元
中型载货车	13000 元
轻型载货车	9000 元
微型载货车	6000 元
大型载客车	18000 元
中型载客车	11000 元
小型载客车(不含轿车)	7000 元
微型载客车(不含轿车)	5000 元
1.35 升及以上排量轿车	18000 元
1 升(不含)至 1.35 升(不含)排量轿车	10000 元
1 升及以下排量轿车、专项作业车	6000 元

资料来源：财建〔2009〕333 号《汽车以旧换新实施办法》。

的政府就有过通过政府的宏观调控来刺激汽车市场需求的政策，但终因种种原因，最终夭折[①]。

　　可见，以旧换新策略实施的最佳主体应该是汽车企业自身。从目前国内汽车的以旧换新市场来看，各汽车厂商的 4S 店对汽车以旧换新业务(或称"二手车置换业务")能提供比较完整的服务(图 4-6)。从图 4-6 中，可以看出，消费者可以用自己旧车的评估价值加上差额就可以从经销商处置换新车。4S 店中这一以旧换新的业务与传统的先卖旧车再买新车的途径相比，具有周期短、手续简单等特点。目前，二手车置换业务只存在于 4S 店中，虽然还没有明正言顺地成为 5S 店，但是随着 4S 店二手车业务的不断发展，有越来越多的品牌加入，使二手车置换业务的诚信度和专业水平在逐渐提高。

　　近年来随着我国汽车产业的迅猛发展，各大汽车厂商间的竞争也日益白热化。竞争形式多种多样，从价格战到产品战、广告战，再到服务战。但是，对于业内一直看好的通过以旧换新的方式来控制品牌二手车市场，从而实现扩充市场容量的策略收效一直不佳(张禹生等，2008)。

① 法国率先推出"废旧购新"政策，规定凡是报废 10 年车龄以上的旧车并购买排量小的环保新车，可获 1000 欧元的奖金。随后，德国、意大利、西班牙、英国、斯洛伐克、奥地利、荷兰等十多个欧洲国家相继跟进，其中，德国补贴上限为 2500 欧元。意大利政府对环境污染小的轿车购买者给予环境奖金，连同旧车报废补贴，合计最高可达 5000 欧元。日本的补贴标准为 25 万日元(折合人民币 1.8 万元)。
　　美国"旧车换现金"计划，主要针对耗油量大的旧车换购燃油效率高的新车，消费者最多可获补贴 4500 美元，达到新车价格的 20%以上！此新政一推出，想"以旧换新"的消费者甚至排起了长队。政府首批 10 亿美元补贴款，一周就用完，再追加 20 亿美元，也很快用光，以至于政府不得不宣布暂停这一计划。(搜狐特约稿件：汽车"以旧换新"的退出在预期之中 http://yangzaishun.blog.sohu.com/151978024.html)

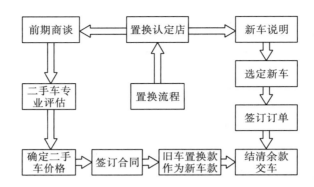

图 4-6 4S 店二手车置换流程图

(资料来源：百度文库《4S 店二手车置换流程有哪些》。

http://wenku.baidu.com/view/95939cf8fab069dc502201fa.html.)

究其原因，4S 店做二手车置换业务虽然有其品牌车源支持、品牌形象以及售后服务等优势，但是，政府以旧换新制度的不完善、市场中旧汽车的信息资源不能完全共享、各大 4S 店的置换方式不统一以及置换业务尚未被列入主营业务范围等原因都造成了 4S 店二手车置换业务进展不利(张禹生等，2008)。

汽车厂商们已经意识到在未来的汽车市场竞争中，抢占二手车市场对其扩充市场容量具有战略性意义，因此，他们在未来的市场决策中，就应综合考虑在新、老款车定价及回收老款车同时抵扣新款车定价等方面因素最优的情况下，制定出相应的市场策略。这也充分体现了本章研究所具有的现实意义，虽然因理论研究的局限，在本章的建模中没有考虑厂商回收老款产品后再次销售给消费者的因素，但是，厂商通过购回老款产品并让消费者补足差价后再购买新款产品的市场现象的确是存在的。这也表明本章所建立的模型是与现实市场一致的。

4.6 本 章 小 结

本章从耐用品生产厂商的角度出发，通过分析消费者类型的分布，从消费者效用入手研究了在存在以旧换新情况下的新、老两款耐用品的消费需求结构，并发现了不同价格组合的内部关系对应着不同的消费需求结构。同时，本章针对不同的消费需求结构，利用规划理论求得了耐用品垄断生产厂商在存在以旧换新情况下的两阶段最优定价，其中包括老款产品在两个阶段的最优销售价格、旧的老款产品在第二阶段的最优购回价格以及新款产品在第二阶段的最优销售价格，为耐用品生产厂商的市场决策提供了量化的科学依据。此外，我们还进一步讨论了最优定价的特征以及考虑两阶段最优条件下耐用品的性价比等指标的特征，所得到的结论对研究现实市场中的耐用品定价问题具有重要的参考价值。

　　与此同时，本章的研究还考虑到了耐用品生产厂商通过生产功能和技术上得到提升的新款产品可以促进老款产品加速废弃这一耐用品市场的特征，事实上此研究涉及了耐用品"计划废弃"问题的一个侧面，耐用品厂商计划废弃策略的手段之一就是推出新功能产品，从功能上废弃已经销售出去的旧的老款产品的使用价值。而以旧换新策略无疑是一种加速"计划废弃"的手段，当消费者还在犹豫是否付出更高的价格来购买具有新功能的新款产品的时候，以旧换新策略补偿了消费者的一部分损失，往往能够使消费者果断采取购买新款产品的行动，耐用品生产厂商也因此实现了其追求利润最大化的市场目的。

　　在现实的耐用品市场中，随着市场环境的变化，影响耐用品生产厂商市场决策的因素也变得多样化，"计划废弃"策略往往还可以通过其他的途径来实施，在后面的章节中，我们将会考虑其他可以促进耐用品生产厂商实施"计划废弃"策略的因素，从而为耐用品生产厂商追求更高的利润提供更多具有现实意义的科学决策依据。

第5章 耐用品厂商在同时生产易耗部件情况下的产量与价格决策研究

在上一章的研究中，我们知道如果耐用品生产厂商合理地制定旧的老款产品的购回价格，就可以促使耐用品消费者在第二阶段选择购买新款产品，事实上耐用品生产厂商的这种市场策略刺激了消费者对新版本产品的需求，从而可以达到加速消费者提前废弃掉老款产品使用的目的。这就实现了耐用品生产厂商实施"计划废弃"策略，并实现自身总体利润最大化的目的。那么在现实市场中是否还存在其他的因素可以使耐用品厂商顺利实施"计划废弃"策略，从而实现耐用品厂商产品的需求和利润的提高呢？在本章的研究中，我们将对上一章小结中所提出的问题做深入的研究，并就可以促使耐用品厂商实现"计划废弃"策略的另一个方面展开探讨。

本章阐述的是有关耐用品生产厂商在同时生产易耗部件情况下的产量和价格决策问题，研究中我们提出了易耗部件这个概念，它是耐用品厂商所生产的耐用品中的一部分，并且耐用品厂商在生产耐用产品的同时也在生产易耗部件，此外，易耗部件所具有的特征是它也具有一定的耐用性，只是其耐用度要远低于整个耐用产品的耐用度。基于 Swan（1970，1971）的市场结构独立性的假说，耐用品厂商面临租赁和销售两个市场情况。对耐用品生产厂商的产量和价格策略进行研究，通过建立耐用品垄断厂商两期的有关耐用品和易耗部件的需求-价格模型，发现 Swan 的市场独立化结论对于耐用品生产厂商来说，在销售市场的情况下是不成立的。此外，耐用品垄断厂商同时可以利用耐用品和易耗部件两种手段来实现其"计划废弃"策略，从而实现其垄断利润的最大化。

5.1 问 题 提 出

5.1.1 易耗部件的特性

耐用品垄断厂商经常通过让消费者更换整个耐用品中一部分价值较高的附属品来增加其利润。这一类现象应该引起研究者们的注意。我们把这部分价值含量较高的附属品定义为易耗部件(easy-to-wear accessories)。易耗部件也是耐用的，但是他们相对于整个耐用品的使用寿命而言就微不足道了。例如，汽车的轮胎、电脑的内存卡或硬盘以及电视机的显像管。毫无疑问，在这些耐用品市场中，对于易耗部件的研究将会对研究耐用品厂商的决策行为起关键作用。

易耗部件不同于易逝品或易耗品，易逝品是具有销售周期较短、生产提前期较长、期末未被销售的且使用价值极低甚至还需要再次投入成本来处理、市场需求不确定性大等特征的一类产品的总称。所以易逝品的价值往往较低，其使用价值可以在短时间内就消失，而且在使用过程中要经常消耗，甚至在使用过程中需要与耐用品进行匹配使用。易耗品往往在耐用品每个周期的使用中要更换多次，有时易耗品是作为耐用品的补充品来使用的，易耗品的价格有时甚至还要高于耐用品的价格，这就使得消费者有时会因易耗品的价格过高而放弃使用该耐用品，从而使厂商无法实现其扩充其利润的目的。

与易逝品或易耗品的市场特征不同的是，耐用品中易耗部件的需求量是由耐用产品的产量决定的。因此，通过耐用品生产厂商的提前决策，是可以预计到在一个耐用品的使用过程中所需要消耗的易耗部件的数量。易耗部件的价格也不会高于耐用产品，消费者对于易耗部件的需求弹性往往是很低的。换言之，易耗部件的市场需求量在一定程度上是可以预见的。耐用品生产厂商通过让消费者更换易耗部件来增加其利润，是由耐用品的长期使用性决定的。

5.1.2　理论基础

在耐用品市场中，作为影响耐用品厂商整体利润的易耗部件是普遍存在于耐用品中的，但是对于这一问题的研究却在诸多耐用品问题的研究中未曾涉及过。的确，有一些研究涉及了相关产品对耐用品的影响，但是数量很有限。Bhaskaran 和 Gilbert 在其文章中写道："在有关耐用品耐用度的文章中，对耐用品与互补品的相互影响问题的关注很少"（Bhaskaran et al.，2005）。Kuhn 等（1996）、Bhaskaran 等（1998）在研究中指出，由于缺少对耐用品相关的产品和服务的建模研究，使得对耐用品市场的研究很不充分。因为当今许多耐用品受其大量的互补品和替代品及服务影响，甚至一些耐用品的特征都是由其互补品和替代品所显现出来的。

从上述研究者的研究中可以发现，耐用品相关产品或服务的存在对耐用品厂商的市场行为产生了深远的影响，这些影响主要体现在其对耐用品的租赁、销售及其整个生产过程中的决策上。例如，Bhaskaran 等（2005）在研究中指出，销售与租赁混合的策略可以使耐用品垄断厂商销售出更多产品的同时也使得非耐用的互补品的产量相应提高。然而，这些研究中都假设了一个完美的耐用品，而没有允许耐用品垄断厂商选择产品的最优耐用度。Goering（2007）回答了这个问题，他认为与耐用品相区别的产品对垄断厂商选择其产品耐用度是有影响的，他建模验证了相关非耐用品的存在对采取销售策略的垄断厂商在耐用度选择上有着深远的影响。根据 Goering 的研究成果和现实市场状况，本章在耐用品存在易耗部件这一内部影响因素的情况下，探讨耐用品易耗部件的存在是否对采取租赁或销售策略的耐用品垄断厂商的产量和价格市场策略的选择存在影响。

5.2 厂商在存在易耗部件情况下的两期定价模型

5.2.1 模型概述

耐用品垄断生产厂商的耐用产品和易耗部件的两期需求-价格模型是建立在 Bulow（1982，1986）的耐用度选择模型的基础上的，针对耐用品产品的产量与价格的关系，我们依旧考虑到耐用品具有多期使用性的特点，耐用产品第二期的定价不但会受到第二期产量的影响，还会受到在第一期就已经生产出来并投入使用的耐用品在第二期的剩余使用价值的影响，所以我们引入了耐用度的概念。耐用品的耐用度是指耐用产品在第一期剩余的并且能转移到第二期继续使用的产品或服务的百分比。耐用度与第一期耐用产品产量的乘积就是第一期被生产出来的耐用品产量折算并占据第二期市场容量的部分。

对于易耗部件的需求与价格的关系，我们考虑到了易耗部件的需求量是与耐用产品的产量相匹配的，耐用品市场的耐用产品的产量是影响易耗部件潜在需求量的关键因素，我们同样认为易耗部件在生产出来之后，就具有了一个耐用度，如前文所述，易耗部件的耐用度远低于耐用品的耐用度，易耗部件耐用度的高低决定了其更换次数的多少，易耗部件的更换次数与市场中耐用产品产量的乘积就是耐用品市场中易耗部件的潜在需求容量。

为了方便研究，本章所涉及的各个变量的定义如下：

a：耐用产品潜在的市场需求量；

Q_i^r：耐用品垄断厂商在租赁市场情况下，耐用产品每期的产量，$i=1,2$；

P_i^r：耐用品垄断厂商在租赁市场情况下，耐用产品每期的租赁价格，$i=1,2$；

Q_i^s：耐用品垄断厂商在销售市场情况下，耐用产品每期的产量，$i=1,2$；

P_i^s：耐用品垄断厂商在销售市场情况下，耐用产品每期的销售价格，$i=1,2$；

q_i^r：耐用品垄断厂商在租赁市场情况下，易耗部件每期的需求量，$i=1,2$；

p_{ia}^r：耐用品垄断厂商在租赁市场情况下，易耗部件每期的销售价格，$i=1,2$；

q_i^s：耐用品垄断厂商在销售市场情况下，易耗部件每期的需求量，$i=1,2$；

p_{ia}^s：耐用品垄断厂商在销售市场情况下，易耗部件每期的销售价格，$i=1,2$；

ϕ：耐用产品的耐用度，即第一期剩余的并且能转移到第二期继续使用的产品或服务的百分比，$\phi \in (0,1)$；

δ：易耗部件的耐用度，它是易耗部件更换次数的决定参数，$\delta \in (0,1)$；

$X(\delta)$：易耗部件在每一期耐用品使用过程中的更换次数，它是关于易耗部件耐用度的减函数，$X(\delta) > 1$，$X'(\delta) < 0$；

π^r：耐用品垄断厂商在租赁市场情况下，耐用品及其易耗部件两期的联合利润；

π^s：耐用品垄断厂商在销售市场情况下，耐用品及其易耗部件两期的联合利润；

π_i^r：耐用品垄断厂商在租赁市场情况下，耐用品及其易耗部件每期的联合利润，$i = 1,2$；

π_i^s：耐用品垄断厂商在销售市场情况下，耐用品及其易耗部件每期的联合利润，$i = 1,2$；

r：耐用品垄断厂商耐用品市场需求量对耐用品价格的影响系数，$r > 0$。

为了使分析具有现实意义，上述参数应满足下面的关系：

$$0 < \delta < \phi < 1$$

5.2.2　基本假设

在考虑耐用品生产厂商同时生产易耗部件的情况下，我们在建立耐用品的产量和价格决策模型及其易耗部件的需求和价格决策模型时，提出以下的基本假设：

（1）在 Bulow（1982，1986）的耐用度选择模型的基础上，假设耐用品垄断厂商在两期内生产耐用产品及其易耗部件。

（2）耐用品垄断厂商可以在两期内选择其产品的耐用度 $\phi \in (0,1)$，这里耐用品的耐用度 $\phi \in (0,1)$ 可表示其第一期剩余的并且能转移到第二期继续使用的产品或服务的百分比。如果 $\phi = 0$，则表示第一期销售出的产品在当期已用尽，不能在第二期继续使用；如果 $\phi = 1$，则表示第一期销售出的或库存的产品在第二期无折旧。

（3）就我们所研究的耐用品的范围来说，一旦耐用品被投入使用，$\phi = 0$ 和 $\phi = 1$ 这两种极端的市场情况是不存在。因此，假设第一期投入使用的耐用品在进入第二期后一定无法替代新产品的使用价值，在不考虑新版本产品的推出使原有耐用品的使用价值大打折扣的情况下，我们进一步限定 $\phi \in (0.5, 0.9)$。

（4）假设易耗部件的耐用度为 $\delta\ [\delta \in (0,1)]$，由于耐用品垄断厂商同时也生产易耗部件，并对易耗部件也具有垄断性。因此，易耗部件的整个市场容量是与每一期的易耗部件的耐用度及其耐用品的产量相关的。

（5）$X(\delta)\ [X(\delta) > 1]$ 为易耗部件在每一期的更换次数，因此有 $X'(\delta) < 0$。当 $\delta = 0$ 时，表明易耗部件在每期的市场需求量是无穷大的；当 $\delta = 1$ 时，则表明耐用品在两期内不需要更换任何易耗部件；

（6）假设耐用品生产厂商也是易耗部件的唯一提供者，为了研究方便我们进一步假设生产耐用品及其易耗部件的边际成本为零，货币贴现率为1。

5.3 厂商在租赁情况下的最优产量
与价格的确定

根据以上的基本假设，我们建立了在租赁市场情况下的耐用品产量、价格以及易耗部件的需求和价格的线性关系：

$$P_1^r = a - rQ_1^r , \quad P_2^r = a - r(\phi Q_1^r + Q_2^r) \tag{5-1}$$

$$q_1^r = X(\delta)Q_1^r - p_{1a}^r , \quad q_2^r = X(\delta)(\phi Q_1^r + Q_2^r) - p_{2a}^r \tag{5-2}$$

再讨论耐用品厂商在采取租赁策略的情况下，垄断厂商所希望的耐用品及其易耗部件这两种产品联合利润的最大化为

$$\pi^r = \pi_1^r + \pi_2^r = (a - rQ_1^r)Q_1^r + p_{1a}^r[X(\delta)Q_1^r - p_{1a}^r]$$
$$+ \{[a - r(\phi Q_1^r + Q_2^r)](\phi Q_1^r + Q_2^r) + p_{2a}^r[X(\delta)(\phi Q_1^r + Q_2^r) - p_{2a}^r]\} \tag{5-3}$$

从式(5-3)可以发现，耐用品垄断厂商第二期的耐用品和易耗部件的联合利润是由租赁价格与整个两期的耐用品市场存量的乘积构成的，这是因为，耐用品垄断厂商在租赁的市场情况下，可以将所有两期生产的耐用产品租赁给消费者。

耐用品垄断厂商为了在租赁策略下实现其最大利润，即需要使 π^r 值最大。该问题是两阶段的动态最优问题，因此我们采取逆序法，由于其第二期的联合利润为

$$\pi_2^r = [a - r(\phi Q_1^r + Q_2^r)](\phi Q_1^r + Q_2^r) + p_{2a}^r[X(\delta)(\phi Q_1^r + Q_2^r) - r_2 p_{2a}^r]$$

根据最优化一阶条件，令

$$\begin{cases} \dfrac{\partial \pi_2^r}{\partial Q_2^r} = 0 \\[3mm] \dfrac{\partial \pi_2^r}{\partial p_{2a}^r} = 0 \end{cases}$$

得到

$$Q_2^{r*} = \frac{2a}{4r - X^2(\delta)} - \phi Q_1^r \tag{5-4}$$

$$p_{2a}^{r*} = \frac{X(\delta)}{4r - X^2(\delta)} a \tag{5-5}$$

从式(5-4)可以发现，耐用品第二期的最优产量与耐用品和易耗部件的耐用度相关。根据式(5-1)，可以得到耐用品垄断厂商第二期耐用品的最优定价为

$$P_2^{r*} = \frac{a[2r - X^2(\delta)]}{4r - X^2(\delta)} , \quad 2r > X^2(\delta)$$

从最优解中我们可以得出这样的结论：易耗部件的耐用度 δ 影响耐用品的最

优定价，但是耐用品的耐用度 ϕ 和第一期的耐用品产量 Q_1^r 对耐用品的定价没有影响。这就表明，Swan（1970，1971）在文献中曾经提出的观点在耐用品垄断厂商采取租赁策略的市场状况下依旧成立。

将式（5-4）和式（5-5）代入式（5-3），根据最优化一阶条件，令

$$\begin{cases} \dfrac{\partial \pi^r}{\partial Q_1^r} = 0 \\[3mm] \dfrac{\partial \pi^r}{\partial p_{1a}^r} = 0 \end{cases}$$

可以得到耐用品垄断厂商在第一期的耐用品的产量及其易耗部件的价格的最优解为

$$Q_1^{r*} = \frac{2}{4r - X^2(\delta)} a \tag{5-6}$$

$$p_{1a}^{r*} = \frac{X(\delta)}{4r - X^2(\delta)} a \tag{5-7}$$

为了研究易耗部件的耐用度对每一期的耐用品产量及易耗部件价格的影响，分别对式（5-4）、式（5-5）、式（5-6）和式（5-7）求一阶导数，得到

$$\frac{\mathrm{d}Q_2^{r*}}{\mathrm{d}\delta} = (1-\phi)\frac{-4aX(\delta)X'(\delta)}{[4r - X^2(\delta)]^2} > 0 \tag{5-8}$$

$$\frac{\mathrm{d}Q_1^{r*}}{\mathrm{d}\delta} = \frac{-4aX(\delta)X'(\delta)}{[4r - X^2(\delta)]^2} > 0 \tag{5-9}$$

$$\frac{\mathrm{d}p_{1a}^{r*}}{\mathrm{d}\delta} = \frac{4ar + aX^2(\delta)}{[4r - X^2(\delta)]^2} X'(\delta) < 0 \tag{5-10}$$

$$\frac{\mathrm{d}p_{2a}^{r*}}{\mathrm{d}\delta} = \frac{4ar + aX^2(\delta)}{[4r - X^2(\delta)]^2} X'(\delta) < 0 \tag{5-11}$$

由此，我们可得知：

结论 1　耐用品垄断厂商在采取租赁策略的市场情况下，其耐用品每一期的产量会随着易耗部件耐用度 δ $[X^{-1}(\sqrt{2r}) < \delta < 1]$ 的提高而增加；而易耗部件每一期的价格会随着其耐用度的提高而降低。

为了分析垄断厂商对易耗部件耐用度的选择，再将式（5-4）、式（5-5）、式（5-6）和式（5-7）代入式（5-3），并对式（5-3）求联合利润关于易耗部件耐用度 δ $[X^{-1}(\sqrt{2r}) < \delta < 1]$ 的一阶导数，得到

$$\frac{\mathrm{d}\pi^r}{\mathrm{d}\delta} = X'(\delta)\frac{24a^2rX(\delta) + 4r - 8a^2X(\delta) - 2a^2rX^3(\delta) - X^2(\delta)}{[4r - X^2(\delta)]^3} < 0 \tag{5-12}$$

由式（5-12），我们可以发现：

结论 2　耐用品垄断厂商在采取租赁策略的市场情况下，为了实现其整体利

润的最大化，他会在每一期选择耐用度水平尽可能低的易耗部件。

通过上面的分析，我们可以看出，当耐用品垄断生产厂商在面临租赁的市场情况时，如果他生产的耐用品和易耗部件都具有较高的耐用度，他就不会从租赁中获得更高的利润。因此，为了使垄断利润最大化，垄断厂商就会生产使用寿命较低的易耗部件，从而适时采取"计划废弃"策略。

5.4 厂商在销售情况下的最优产量与价格的确定

在耐用品销售市场中，耐用品垄断厂商在第二期的产品销售中不再可以支配前一期所生产的耐用品的产量。因此，在销售市场情况下，耐用品垄断厂商耐用品的产量和价格、易耗部件的需求和价格以及耐用品和易耗部件两期的联合利润可表述如下：

$$P_1^s = a - rQ_1^s$$
$$P_2^s = a - r(\phi Q_1^s + Q_2^s)$$
$$q_1^s = X(\delta)Q_1^s - p_{1a}^s$$
$$q_2^s = X(\delta)(\phi Q_1^s + Q_2^s) - p_{2a}^s$$
$$\pi^s = \pi_1^s + \pi_2^s$$
$$= (a - rQ_1^s)Q_1^s + p_{1a}^s[X(\delta)Q_1^s - p_{1a}^s]$$
$$+ [a - r(\phi Q_1^s + Q_2^s)]Q_2^s + p_{2a}^s[X(\delta)(\phi Q_1^s + Q_2^s) - p_{2a}^s]$$

从而，我们可以发现，与租赁情况不同的是，耐用品和易耗部件在第二期的联合利润变为

$$\pi_2^s = [a - r(\phi Q_1^s + Q_2^s)]Q_2^s + p_{2a}^s[X(\delta)(\phi Q_1^s + Q_2^s) - p_{2a}^s] \tag{5-13}$$

通过与式(5-3)进行比较，我们可以看出在租赁情况下，耐用品第一期产量剩余并转化为第二期的市场容量部分 ϕQ_1^r 不再包含在式(5-13)中。根据最优化一阶条件，即令 $\partial \pi_2^s / \partial Q_2^s = 0$ 和 $\partial \pi_2^s / \partial p_{2a}^s = 0$ 得到

$$\frac{\partial \pi_2^s}{\partial Q_2^s} = a - 2rQ_2^s - r\phi Q_1^s + X(\delta)p_{2a}^s = 0$$

$$\frac{\partial \pi_2^s}{\partial p_{2a}^s} = X(\delta)(\phi Q_1^s + Q_2^s) - 2p_{2a}^s = 0$$

$$Q_2^{s*} = \frac{2a}{4r - X^2(\delta)} - \frac{2r - X^2(\delta)}{4r - X^2(\delta)}\phi Q_1^s \tag{5-14}$$

$$p_{2a}^{s*} = \frac{X(\delta)}{4r - X^2(\delta)}(a + r\phi Q_1^s), \quad 4r > X^2(\delta) \tag{5-15}$$

从最优解可以看出，垄断厂商在采取销售策略的市场情况下，其易耗部件第二期的最优定价是受其耐用度和第一期耐用品的产量双重影响的。Swan(1970，1971)的独立性观点在此种情况下不再成立。这样消费者在第一期就会理性的认为未来垄断厂商会采取式(5-14)和式(5-15)中的产量和定价策略，而消费者的这种理性预期又制约着垄断厂商获取式(5-13)那样的最大利润。因此，根据动态一致性结论，将式(5-14)和式(5-15)代入式(5-13)，并根据一阶最优条件可以得到垄断厂商在销售市场情况下的第一期最优产量和易耗部件的最优定价，过程如下：

$$\frac{\partial \pi^s}{\partial Q_1^s} = a - 2rQ_1^s + X(\delta)p_{1a}^s$$
$$+ \frac{1}{4r - X^2(\delta)}[a\phi X^4(\delta) + 6ar\phi X^2(\delta) - 2r^2\phi^2 X^2(\delta)Q_1^s] \tag{5-16}$$

$$\frac{\partial \pi^s}{\partial p_{1a}^s} = X(\delta)Q_1^s - 2rp_{1a}^s = 0 \tag{5-17}$$

$$\frac{\partial \pi^s}{\partial \phi} = 2r^2\phi Q_1^{s2}[4r - X^2(\delta)]$$
$$- 2raQ_1^s[4r - 3X^2(\delta)] - aX^4(\delta)Q_1^s = 0 \tag{5-18}$$

从而我们得到耐用品垄断厂商耐用品第一期的最优产量和易耗部件第一期的最优定价为

$$Q_1^{s**} = \frac{A}{B}a \tag{5-19}$$

$$p_{1a}^{s**} = \frac{X(\delta)A}{2B}a \tag{5-20}$$

其中，

$$A = 2[4r - X^2(\delta)]^2 + 2\phi X^2(\delta)[6r - X^2(\delta)] > 0 ;$$
$$B = [4r - X^2(\delta)]^3 - 4r^2\phi^2 X^2(\delta) > 0$$

从耐用品垄断厂商在销售策略下的一系列最优解中我们可以发现，在式(5-18)中，耐用品的耐用度受耐用品产量的影响，Swan(1970，1971)的独立性结论在此处不再适用。从式(5-19)和式(5-20)我们可以看出，耐用品第一期的最优产量和易耗部件第一期的最优定价受耐用品的耐用度 ϕ 和易耗部件的更换次数 $X(\delta)$（易耗部件的更换次数是其耐用度的反映，更换次数越多表明易耗部件耐用度越低；反之，易耗部件的更换次数越少，表明易耗部件耐用度越高）影响。因此，下面我们就耐用品耐用度和易耗部件耐用度对耐用品产量和易耗部件定价的影响做进一步的分析。

我们分别对式(5-14)、式(5-15)、式(5-19)和式(5-20)求耐用品两期最优产量和易耗部件两期最优价格关于易耗部件和耐用品耐用度 $X(\delta)$ 和 ϕ 的一阶偏导数，

得到

$$\frac{\partial Q_1^{s^{**}}}{\partial X(\delta)} = a\frac{A'B - AB'}{B^2} = a\frac{U}{B^2} \tag{5-21}$$

$$U = \{8X(\delta)[4r - X^2(\delta)] + 24r\phi X(\delta) - 8\phi X^3(\delta)\}B$$
$$- A\{[-6X(\delta)[4r - X^2(\delta)] - 8r^2\phi^2 X(\delta)\}$$

$$\frac{\partial Q_2^{s^*}}{\partial X(\delta)} = a\frac{W}{[4r - X^2(\delta)]^2 B^2} \tag{5-22}$$

$$W = 4B^2 rX(\delta) + [4r - X^2(\delta)][X^2(\delta) - 2r]\phi U + 4rX(\delta)\phi AB$$

$$\frac{\partial p_{1a}^{s^{**}}}{\partial X(\delta)} = \frac{A}{2B}a + a\frac{X(\delta)}{2}\frac{U}{B^2} \tag{5-23}$$

$$\frac{\partial p_{2a}^{s^*}}{\partial X(\delta)} = a\frac{[4r + X^2(\delta)]B^2 + [4r + X^2(\delta)]r\phi AB + X(\delta)r\phi[4r - X^2(\delta)]U}{[4r - X^2(\delta)]^2 B^2} \tag{5-24}$$

$$\frac{\partial Q_1^{s^{**}}}{\partial \phi} = a\frac{[12r - 2X^2(\delta)]B + 8r^2\phi X^2(\delta)A}{B^2} > 0 \tag{5-25}$$

$$\frac{\partial Q_2^{s^*}}{\partial \phi} = \frac{[X^2(\delta) - 2r]\left(a\frac{A}{B} + \phi\frac{\partial Q_1^{s^{**}}}{\partial \phi}\right)}{4r - X^2(\delta)} \begin{cases} > 0, & \text{当}X^{-1}(2\sqrt{r}) < \delta < X^{-1}(\sqrt{2r})\text{时}; \\ < 0, & \text{当}X^{-1}(\sqrt{2r}) < \delta < 1\text{时} \end{cases} \tag{5-26}$$

$$\frac{\partial p_{1a}^{s^{**}}}{\partial \phi} = \frac{X(\delta)}{2}\frac{\partial Q_1^{s^{**}}}{\partial \phi} > 0 \tag{5-27}$$

$$\frac{\partial p_{2a}^{s^{**}}}{\partial \phi} = \frac{X(\delta)}{4r - X^2(\delta)}\left(r\phi\frac{\partial Q_1^{s^{**}}}{\partial \phi} + r\frac{A}{B}a\right) > 0 \tag{5-28}$$

5.5 厂商最优产量与最优定价的算例分析

由于式(5-21)较复杂，因而我们无法直接判断 $\partial Q_1^{s^{**}}/\partial X(\delta)$ 的范围，但是可以看出，式(5-21)的范围是由 U 决定的。所以，我们利用 MATLAB 软件，并根据 r、$X(\delta)$和ϕ 的取值范围 $0.5 < \phi < 0.9$ 和 $4r > X^2(\delta) > 1$，描绘出 U 的取值范围图（图 5-1）。由图 5-2 可知，当 $4r > X^2(\delta)$ 时，U>0。从而可以判断出

$$\frac{\partial Q_1^{s^{**}}}{\partial X(\delta)} = a\frac{U}{B^2} > 0$$

$$U = \{8X(\delta)[4r - X^2(\delta)] + 24r\phi X(\delta) - 8\phi X^3(\delta)\}B$$
$$- A\{[-6X(\delta)[4r - X^2(\delta)] - 8r^2\phi^2 X(\delta)\}$$

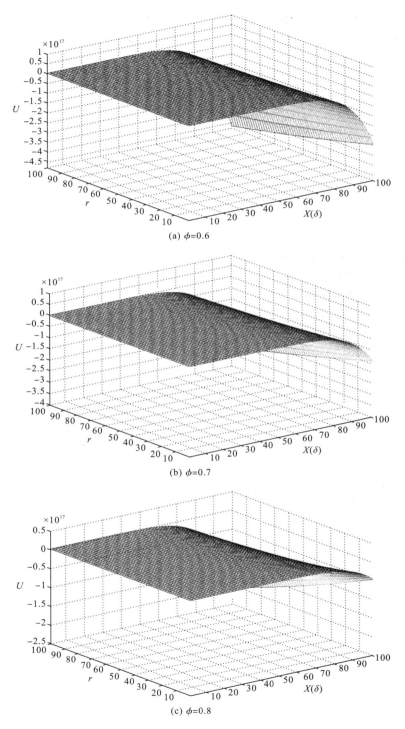

图 5-1　U 的变化趋势图

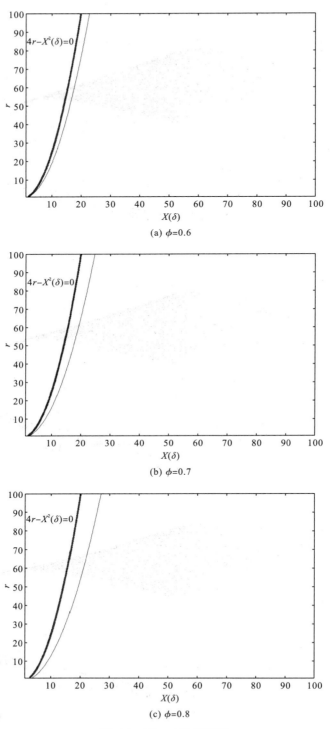

(a) ϕ=0.6

(b) ϕ=0.7

(c) ϕ=0.8

图 5-2　U=0 时的截面图

同理，在式 (5-22) 中，$\partial Q_2^{s**}/\partial X(\delta)$ 的范围是由 W 决定的，我们同样通过 MATLAB 软件描绘出 W 的变化趋势图 (图 5-3)。从而可以判断出

$$\frac{\partial Q_2^{s*}}{\partial X(\delta)} = a\frac{W}{[4r - X^2(\delta)]^2 B^2} > 0$$

$$W = 4B^2 rX(\delta) + [4r - X^2(\delta)][X^2(\delta) - 2r]\phi U + 4rX(\delta)\phi AB$$

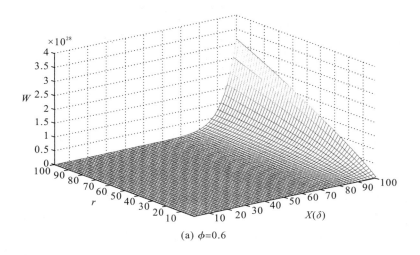

(a) $\phi=0.6$

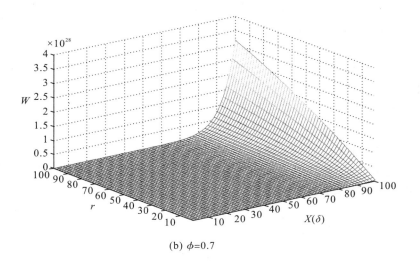

(b) $\phi=0.7$

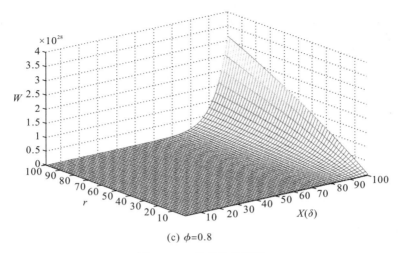

(c) $\phi=0.8$

图 5-3 W 的变化趋势图

因为 $U>0$，很容易判断式 (5-23) 和式 (5-24) 也是大于零的，即

$$\frac{\partial p_{1a}^{s^{**}}}{\partial X(\delta)} = \frac{A}{2B}a + a\frac{X(\delta)}{2}\frac{U}{B^2} > 0$$

$$\frac{\partial p_{2a}^{s^{*}}}{\partial X(\delta)} = a\frac{[4r + X^2(\delta)]B^2 + [4r + X^2(\delta)]r\phi AB + X(\delta)r\phi[4r - X^2(\delta)]U}{[4r - X^2(\delta)]^2 B^2} > 0$$

通过算例分析，从式 (5-21)、式 (5-22)、式 (5-23) 和式 (5-24) 我们可以得出结论 3。

结论 3   耐用品垄断厂商在采取销售策略的市场情况下，其每一期的耐用品最优产量和易耗部件的最优价格会随着易耗部件耐用度的提高而降低；反之，其每一期的耐用品最优产量和易耗部件的最优价格会随着易耗部件耐用度的降低而提高。

由此，我们可以发现，耐用品垄断厂商除了可以通过耐用品耐用度的降低实现其计划废弃策略外，还可以通过易耗部件耐用度的降低来实现计划废弃策略。当易耗部件耐用度很高时，会使耐用品整体变得很耐用，而由于耐用品的市场容量是有限的，市场对耐用品的需求就会下降，因此，耐用品的最优产量也会降低；反之，当易耗部件耐用度较低时，消费者在使用耐用品相当一段时间后，会因频繁更换易耗部件所产生的高额费用而选择提前废弃旧耐用品，购买新耐用品，从而使市场对耐用品的需求增大，耐用品的最优产量也会因此提高。而追求利润最大化的垄断厂商，往往会选择后者作为其市场策略，这样计划废弃策略才会得以实现。

我们再从易耗部件的市场供需角度来分析，就会很容易得知，当易耗部件的耐用度很高时，市场对易耗部件的需求就会减少，所带来的影响就是易耗部件价格的下降；而当易耗部件的耐用度下降到较低水平时，市场对易耗部件的需求会增多，随着需求的增加，易耗部件的价格也会得以上升。因易耗部件价格的上升所产生的这部分额外利润，就是垄断厂商采取计划废弃策略所要追求的额外利润。

再从式 (5-25) 和式 (5-26)，可以得出结论 4。

结论 4　耐用品垄断厂商在采取销售策略的市场情况下，第一期的耐用品最优产量会随着耐用品耐用度的提高而提高；而在第二期，当易耗部件的耐用度在 $X^{-1}(2\sqrt{r})<\delta<X^{-1}(\sqrt{2r})$ 时，耐用品最优产量会随着耐用品耐用度的提高而提高；而当易耗部件的耐用度在 $X^{-1}(\sqrt{2r})<\delta<1$ 时，耐用品最优产量会随着耐用品耐用度的提高而降低。

通过上面的数理推导，我们可以得知，最优产量其实是在耐用品垄断厂商整体利润最优的情况下得到的，因此，我们就会发现在易耗部件耐用度较高，即更换次数很少的情况下，垄断厂商要想得到最优利润，其手段就只能是提高耐用品的耐用度从而提高耐用品在使用过程中的口碑，让更多的消费者来选择优质的耐用品从而提高其垄断利润。而当易耗部件的耐用度降低，即更换次数增多后，由易耗部件的销售所带来的利润就会占垄断厂商整体利润中的很大一部分，所以才会引起耐用品产量的下降。这充分表明，易耗部件在垄断厂商实现其市场利润时会起到相当重要的作用。

从式(5-28)我们又可以得出结论 5。

结论 5　耐用品垄断厂商在采取销售策略的市场情况下，其每一期生产的易耗部件的最优价格会随着耐用品耐用度的提高而提高；反之，其每一期生产的易耗部件的最优价格则会随着耐用品耐用度的降低而降低。

式(5-21)～式(5-26)都体现出了易耗部件的耐用度对耐用品垄断厂商最优产量的影响，而式(5-28)则体现了易耗部件的价格同样会受到耐用品耐用度的影响，当耐用品耐用度很高时，这就表明此种耐用品是优质的产品，由于消费者对此种产品的信赖，会使该种易耗部件以一个很好的价格得以出售；相反，如果耐用品的耐用度很低，易耗部件的销售会受到影响，导致易耗部件的销售价格下降。另一方面，从垄断厂商实现最优利润的角度来看，当耐用品耐用度很高时，市场中耐用品的存量就会增多，由于利润的驱使，垄断厂商就会同时提高耐用品和易耗部件的价格来维持其垄断利润的最高点；反之，当耐用品耐用度较低时，耐用品的废弃就会增多，而销量的上升引起的耐用品和易耗部件价格的相应下降同样可以维持垄断厂商利润的最高点。

5.6　现 实 意 义

我们之所以对耐用品易耗部件的相关市场策略进行研究，是因为在现实市场中，消费者对易耗部件的消耗已经为耐用品生产厂商带来了很可观的利润，并且已经开始有耐用品生产厂商采取易耗部件策略来提高耐用品及其相关产品的废弃速度，从而扩大其整体的产品利润。因此，对于这一问题的研究目的就是为了使现实耐用品市场中的现象抽象到理论高度，从而为耐用品生产厂商的市场决策提供更加科学的理论指导。这样，对于耐用品易耗部件的相关市场策略的研究就显得很有现实意义。下面我们以汽车行业为案例进行有关耐用品及其易耗部件的现实市场分析，通过对汽车生产商所采取的实现其最大化利润的市场策略的分析，我们得知在现实市场中易耗部件是实现耐用品生产厂商最大化利润的重要影响因素。

汽车这一产品是一种很有代表性的耐用品，其内部的众多零部件(如变速器、滤清器、火花塞、喇叭等)都具有本书所提到的易耗部件的特性。而这些汽车易耗部件在近些年的汽车销售市场中的价格逐年快速上涨，为了实现利润的最大化，汽车生产厂商和经销商们在制定市场策略时已经充分考虑到了易耗部件这一重要因素。

已经有数据表明，在国外，整车生产厂商所实现的总利润中大约有 30%的毛利润来自零配件的更换，只有18%的毛利润来自新汽车的销售。而在国内市场中，整车生产商在零部件更换中所获得的利润可占其总利润的40%以上[1]。以丰田汽车为例，其旗下一款车系的售价为10万元至30万元不等，全国每年的销售有6000台左右，但是从卖整车中所获得的利润只有1%，那么在一年的时间里，单靠卖车所得的利润仅有几百万，这点利润根本无法支撑工厂和4S店的运营。然而，工厂却运转得非常健康，其原因正是厂家在制定市场策略时，把零部件的价格和维护费用大幅提高，从而实现了其利润的大幅度提高。正是这一市场策略，使得零部件的销售成了这款车的主要利润来源。[2]可见，汽车零部件市场有着巨大的拓展空间，有数据显示(图5-4)，2005年至2009年，中国全部汽车零部件及配件制造厂商所实现的累计工业总产值已从约3838亿元增长至8000亿元以上。到2010年，中国汽车零部件的市场规模已经达到14000亿元[3]。

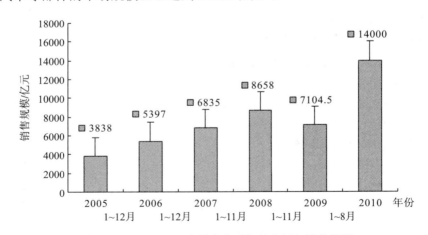

图 5-4　2005～2010 中国汽车零部件市场规模趋势图

(数据来源：《中投顾问：2010～2015 年中国汽车零部件行业投资分析及前景预测报告》)

---

[1] http://www.hubai.com/html/News19247P4.html.

[2] http://news.xinhuanet.com/fortune/2010-08/ 23/ c12474388_3.html.

[3] http://www.auto-stats.org.cn/ReadArticle.asp? NewsID=4025。

　　正是由于汽车零部件所带来的巨大利润空间，才使得汽车生产商和经销商不再满足于整车销售所带来的有限利润，为了实现其整体利润的最大化，一些著名的汽车厂商(如丰田、通用、奔驰等)在制定市场策略时，更多的不是倾向于对汽车采取"计划废弃"策略，而是提高零部件的更换次数和销售价格[①]。这也恰好与本章前面分析中所发现的现象相符合。推而广之，对于其他的耐用品生产厂商来说，要想提高其在市场中的竞争力，采取这样的市场策略也无非是种好的选择。这也充分体现出了本章的研究对于耐用品厂商制定有竞争力的市场策略具有现实的指导意义。

5.7　本 章 小 结

　　本章充分考虑了耐用品市场的特征，发现了易耗部件的存在对于垄断厂商市场策略的选择有着深远的影响。在垄断厂商生产耐用产品并同时控制易耗部件生产的情况下，验证了 Swan(1970，1971)的市场独立性结论在采取销售策略的市场情况下不再成立。并且得知，在存在易耗部件的耐用品市场中，耐用品垄断厂商同时可以利用耐用品和易耗部件两种手段来实现其计划废弃策略，从而实现其垄断利润的最大化。

　　在今后的研究中，我们需要关注租赁和销售这两种策略哪个对垄断厂商更有利，因为这两种策略的选择可能还会受很多变量的影响，例如，租赁市场的道德水平、消费者对耐用度的认知水平以及市场的进入威胁等。Goering(1997，2000)已经意识到租赁或销售这两种策略的选择会受到道德水平或是耐用度的不确定等因素的影响，并且租赁的利润有可能要比销售的利润更高。另一方面，在存在竞争的耐用品双寡头市场中，租赁和销售的策略选择问题也是未来研究中值得关注的方面。

[①] http://www.hubai.com/html/News19247P4.html.

第 6 章　结论与展望

耐用品构成了经济产品中的重要一部分，它也同样为微观经济提供了大量值得研究的问题。耐用品这样一类能够在多个时期内提供效用的产品，一直以来都是统计年鉴中用来衡量居民生活质量和现代化程度的重要统计指标之一。进入 21 世纪以来，随着经济的飞速发展，我国城镇居民生活水平也得到了相应提高，居民家庭对耐用消费品的需求已经从基本普及提高到了对质量及科技含量要求很高的层面，家用耐用消费品的升级速度也在不断提高，并且由实用型转向消费型。因此，对耐用品市场的研究也有了新的要求，即随着耐用品所处的市场环境的不断变化，在耐用品问题的研究中，所应考虑的影响因素也应日新月异，并且要紧贴现实市场。

然而，随着耐用品及其相关市场环境的巨大变迁，已有研究成果的应用也会受到众多因素的制约，而对于耐用品生产厂商在更加复杂的市场情况下的市场策略的研究，在前人的研究中并不多见。因此，为了使耐用品厂商对其所处的市场环境进行准确的分析，并做出科学正确的市场决策，需要有更加具有实践指导意义的耐用品理论作为依据，此外，对耐用品厂商市场决策产生影响的相关产品的研究也需要进一步拓展。所以，在本书的研究中，我们在模型中考虑了将市场需求的波动和厂商对市场信息预测水平、厂商以旧换新的情况以及耐用品的相关产品等因素，对耐用品生产厂商在定价策略上的若干问题展开探讨，在此前提下，提出了以下几个问题：

(1) 耐用品生产厂商在市场需求波动及自身对市场信息把握存在不确定性的情况下，其定价策略将会受到哪些影响？

(2) 耐用品生产厂商在存在以旧换新的情况下，其对新、老两款产品的定价策略将会受到哪些影响？

(3) 耐用品生产厂商在同时生产易耗部件的情况下，其在制定产量和价格策略的时候会受到哪些因素的影响？

本书正是在对上述三个问题的研究和分析论述中，形成了以下三个创新点：

(1) 耐用品市场中考虑市场需求波动和厂商掌握市场信息的水平对耐用品生产厂商定价策略的影响研究。本书在前人研究的基础上，将市场需求的波动和厂商掌握市场信息的水平等因素考虑到模型中，并分耐用品垄断市场(体现在第 2 章的 2.2 节、2.3 节、2.4 节)和耐用品双寡头市场(体现在第 3 章的 3.2 节、3.3 节、3.4 节)两种市场状况对耐用品生产厂商定价问题展开研究。通过研究，我们发现市场需求的波动和耐用品厂商掌握市场信息量的水平对耐用品生产厂商的定价策略存在诸多重要影响。

(2) 将耐用品厂商的以旧换新因素纳入耐用品厂商新、老两款产品的定价模型中。通过分析消费者类型的分布，从消费者效用入手研究了在存在以旧换新的情况下新、老两款耐用品的消费需求结构，并发现不同价格组合的内部关系对应着不同的消费需求结构。同时，本书针对不同的消费需求结构，利用规划理论求得了耐用品垄断生产厂商在存在以旧换新情况下的两阶段最优定价，其中包括老款产品在两个阶段的最优销售价格、旧的老款产品在第二阶段的最优购回价格以及新款产品在第二阶段的最优销售价格，为耐用品生产厂商的市场决策提供了量化的科学依据(体现在第 4 章 4.2 节、4.3 节、4.4 节、4.5 节)。

(3) 充分考虑了耐用品市场的特征，发现易耗部件的存在对于垄断厂商市场策略的选择有着深远的影响。我们在耐用品垄断厂商生产耐用产品并同时控制易耗部件生产的情况下，验证了 Swan 的市场独立性结论在销售的市场情况下不再成立。并且得知，在存在易耗部件的耐用品市场中，耐用品垄断厂商同时可以利用耐用品和易耗部件两种手段来实现其计划废弃策略，从而实现其垄断利润的最大化(体现在第 5 章 5.2 节、5.3 节、5.4 节、5.5 节、5.6 节)。

本书从现代耐用品理论研究中未曾涵盖的部分问题入手，旨在通过在数理建模研究中引入价格作为决策手段，解决前人研究中所忽视的或在新的市场环境下所产生的耐用品生产厂商定价策略方面的若干问题。运用微观经济学理论和产业组织理论，同时结合运筹学和博弈论等方法，并辅之以 MATLAB 6.0 软件，以国内外耐用品市场的现实表象为依据，在已有的众多耐用品研究成果的基础上，对市场需求信息预测情况下的耐用品垄断厂商的多期定价问题、市场需求信息预测情况下的耐用品双寡头厂商的定价问题、存在以旧换新情况下的耐用品厂商的定价问题以及存在易耗部件情况下耐用品厂商的产量决策和价格决策问题等方面进行深入挖掘。通过理论推演和结果分析，得到了对耐用品市场中微观经济体的决策行为有指导意义的相关结论。

此外，在本研究的基础上，还有许多问题值得进一步深入研究，例如，在考虑耐用品厂商以旧换新情况下产品定价问题的研究中，如果能够结合实证研究考虑竞争问题、厂商将购回的旧的老款产品再次用于销售的二手市场问题以及在中国和其他发达国家不同的背景条件下分别论述以旧换新情况下的耐用品定价问题，那么这无疑是对这一问题研究上的重大创新。在对耐用品及其相关产品的研究中，我们需要关注租赁和销售这两种策略哪个对垄断厂商更有利，因为这两种策略的选择可能还会受很多变量的影响，例如，租赁市场的道德水平、消费者对耐用度的认知水平以及市场的进入威胁等。此外，本书的绝大多数研究是在垄断厂商和生产耐用品的边际成本为零的假设前提下展开的，但是这并不代表所得到的结论不具备对现实市场的解释能力，在未来的研究中我们会尽量淡化垄断这一假设前提，并且在建模中会考虑加入更多的耐用品市场因素进行研究。与此同时，本书对于耐用品易耗部件问题的研究还不够系统，诸如竞争情况下耐用品与易耗部件的厂商协调定价、耐用品与易耗部件的厂商最优耐用度的选择、耐用品厂商的易耗部件最优兼容性的选择等问题还有待进一步深入研究。

参 考 文 献

陈修素，汪婧.2008.汽车生产厂家的定价策略博弈模型[J]. 数学的实践与认识，38(18)：53-58.

樊潇彦，袁志刚，万广华.2007.收入风险对居民耐用品消费的影响[J].经济研究，4：124-136.

郭哲，吴俊新，汪定伟.2006.电子商务中的耐用品定价[J].东北大学学报，27(2)：142-145.

胡支军，赵波.2003.双寡头动态定位定价博弈分析[J].运筹与管理，12(2)：27-30.

李宝库.2005.基于耐用品市场营销的我国农村居民区域消费模式与特征[J].管理学报，2(1)：71-75.

李长英.2004.存在非耐用品时耐用品的出租或销售问题[J].财经研究，30(12)：5-14.

李承煦，苏素.2008.可形成二手市场的耐用品市场中消费者的行为选择和均衡研究[J].统计与决策，6：66-69.

李克克，陈宏民.2006.PC 软件产品竞争性升级的定价研究[J].管理科学学报，9(3)：11-16.

李明月，唐小我，马永开.2001.非线性定价下的双头垄断企业行为分析[J].运筹与管理，10(4)：115-119.

吕俊涛，唐元虎.2009.有进入威胁时耐用品行业企业策略的博弈分析[J].管理工程学报，23(3)：66-71.

毛蓉蓉.2008. 考虑互补品时耐用品租售策略研究[D]. 成都：西南交通大学.

牛筱颖. 2005.耐用品理论研究综述[J].经济学动态，1(10)：99-104.

任信龙.1985.用耐用品当量预测社会需求的方法和案例[J].预测，6：21-22.

苏昊，谭德庆，谭伟.2009.需求波动及预测信息量对企业定价的影响研究[J].运筹与管理，18(3)：158-161.

苏昊，谭德庆，谭伟.2011.耐用品及其易耗部件耐用度对双寡头企业均衡产量的影响研究[J].世界科技研究与发展，
　　33(1)：158-161.

谭德庆.2006.多维博弈论[M].成都：西南交通大学出版社：108-114.

王晶，于开宇，赵俊.2007.回购条件下的图书批发企业优化定价策略[J].系统工程理论与实践，27(12)：68-74.

邢明青，王来生，孙洪罡，等.2007. 在消费者偏好不确定下双寡头定位定价博弈[J].运筹与管理，16(2)：40-44.

徐鸿雁，黄河.2008.汽车行业中买断销售策略分析[J].数学的实践与认识，38(18)：65-69.

闫安，达庆利.2006a.耐用品动态古诺模型的长期产量解和短期产量解研究[J].系统工程理论与实践，26(10)：30-34.

闫安，达庆利.2006b.耐用品动态古诺模型的建立及分析[J].系统工程学报，21(2)：158-162.

闫安，达庆利.2007.相异成本情形下的耐用品动态古诺模型研究[J].管理工程学报，21(3)：56-59.

闫安，达庆利，刘心报.2008.耐用品动态 Bertrand 模型[J].系统工程，26(5)：123-126.

严先溥.1994. 我国农村彩电市场的现状与趋势预测[J].调研世界，2(29)：79-79.

于辉，陈剑，于刚.2005.回购契约下供应链对突发事件的协调应对[J].系统工程理论与实践，25(8)：38-43.

张明善，唐小我.2002.多个生产商下的动态古诺模型分析[J].管理科学学报，5(5)：85-90.

张苏. 1983. 引入耐用品当量计算方法提高耐用品市场预测精确程度[J].商业经济与管理，4：43-46.

张翔，谭德庆，苏昊.2010.基于消费者类型的耐用品销售定价研究[J].预测，29(3)：26-30.

张禹生，薛宝藏.2008.4S 店二手车置换出路何在？[J].汽车与配件，3(2)：18-20.

Abreu D. 1986.Extremal equilibria of oligopolistic supergames[J]. Journal of Economic Theory，39(1)：191-226.

Aizcorbe A，Starr-McCluer M. 1997.Vehicle ownership，purchases，and leasing：consumer survey data[J]. Monthly Labor Review，120(6)：34-40.

Akerlof G. 1970.The market for "lemons"：quality uncertainty and the market mechanism[J]. Quarterly Journal of Economics，84(3)：488-500.

Ambjornsen T. 2002.Improving Durable Goods and the Osborne Effect[D]. Mimeo，University of Oslo.

Anderson S P，Ginsburgh V A. 1994. Price discrimination via second-hand markets[J]. European Economic Review，38(1)：23-44.

Auernheimer L，Saving T R. 1977. Market organization and the durability of durable goods[J]. Econometrica，45(1)：21-28.

Auster R.1990.Extent of business use may determine whether an auto should be bought or leased[J]. Taxation for Accountants，44：352-355.

Ausubel L M，Deneckere R J. 1989. Reputation in bargaining and durable goods monopoly[J]. Econometrica，57：511-531.

Bagnoli M，Salant S W，Swierzbinski J E. 1989. Durable goods monopoly with discrete demand[J]. Journal of Political Economy，97：1459-1478.

Bain J S.1949. A Note on pricing in monopoly and oligopoly[J]. The American Economic Review，39(2)：448-464.

Barro R J. 1972. Monopoly and contrived depreciation[J]. Journal of Political Economy，17(2)：598-607.

Benjamin D K，Kormendi R G. 1974. The interrelationship between the markets for new and used durable goods[J]. Journal of Law and Economics，17(2)：381-401.

Bhaskaran S R，Gilbert S M. 2005. Selling and leasing strategies for durable goods with complementary products[J]. Management Science，51(8)：1278-1290.

Bhatt S.1989.Demand uncertainty in a durable goods monopoly[J]. International Journal of Industry，7(3)：341-355

Bond E W，Samuelson L.1984. Durable goods monopoly with rational expectations and replacement sales[J]. Rand Journal of Economics，15：336-345.

Bond E W. 1982. A direct test of the "Lemons' Model"：The market for used pickup trucks[J]. American Economic Review，72(4)：836-840.

Bond E W. 1984. Test of the Lemons Model：Reply[J]. American Economic Review，74(4)：801-804.

Brenner D L. 1992.Law and Regulation of Common Carriers in the Communications Industry[M]. Boulder：Westview Press.

Bucovetsky S，Chilton J.1986.Concurrent renting and selling in a durable-goods monopoly under threat of entry[J]. Rand Journal of Economics，17：261-275.

Bulow J I.1982. Durable-goods monopolists[J]. Journal of Political Economy，90(2)：314-327.

Bulow J I. 1986. An economic theory of planned obsolescence[J]. Quarterly Journal of Economics，51：729-748.

Butz D A.1990.Durable-good monopoly and best-price provisions[J].American Economic Review，80(5)：1062-1076.

Cabral L M B，Riordan M H. 1994. The learning curve，market dominance，and predatory pricing[J]. Econometrica，62(5)：1115-1140.

Carlton D，Perloff J. 1994.Modern Industrial Organization[M].Second Edition，New York：HarperCollins.

Chi C Y, Wu S F. 2006.Intertemporal quality discrimination of a durable good monopolist[J]. Economic Letters, 92(2): 184-191.

Choi J P.1994. Network externality, compatibility choice, and planned obsolescence[J]. Journal of Industrial Economics, 42(2): 167-182.

Choudhary V, Ghose A, Mukhopadhyay T, et al.2005. Personalized pricing and quality differentiation[J]. Management Science, 51(7): 1120-1230.

Coase R H.1972. Durability and monopoly[J]. Journal of Law and Economics, 15(1): 143-149.

Conlisk J, Gerstner E, Sobel J.1984. Cyclic pricing by a durable goods monopolist[J]. Quarterly Journal of Economics, 99(3): 489-505.

Crocetti N.1988. Automobile and other leasing arrangements remain attractive despite loss of some benefits[J]. Taxation for Accountants, 40(4): 198-201.

DeGraba P. 1994. No lease is short enough to solve the time inconsistency problem[J]. Journal of Industrial Economics, 42(4): 361-374.

Denicolo V, Garella P G.1999.Rationing in a durable goods monopoly[J]. RAND Journal of Economy, 30(1): 44-55.

Desai P S, Koenigsberg O, Purohit D.2007. The role of production lead time and demand uncertainty in marketing durable goods[J]. Management Science, 53(1): 150-158.

Desai P S, Purohit D. 1998. Leasing and selling: optimal marketing strategies for a durable goods firm[J]. Management Science, 44(11): 19-34.

Desai P S, Purohit D. 1999. Competition in durable goods markets: the strategic consequences of leasing and selling[J]. Marketing Science, 18(1): 42-58.

Dvorak P.2003. Sony, Samsung see flat-panel deal alliance in TV displays: Alliance in TV displays aids Japanese firm's shift to core products lines[J]. Wall Street Journal, 10(20): B5.

Eldridge E. 2004. Hybrids may face juice shortage[J]. USA Today, 11(24): B3.

Emons W, Sheldon G. 2002.The market for used cars: A new test of the Lemons model[J]. Social Science Electronic Publishing, (4): 561-562.

Ferguson E M, Koenigsberg O. 2007.How should a firm manage deteriorating inventory? [J]. Production & Operations Management, 16(3): 306-321.

Fisher F M, McGowan J J, Greenwood J E. 1983.Folded, Spindled and Mutilated: Economic Analysis and U.S. v. IBM[M]. Cambridge, Mass.: MIT Press.

Fishman A, Rob R. 2000. Product innovation by a durable-good monopoly[J]. Rand Journal of Economics, 31(2): 237-252.

Fudenberg D, Tirole J.1998. Upgrades: trade-ins, and buybacks[J]. Rand Journal of Economics, 29(2): 235-258.

Fudenberg D, Tirole J.1986. A theory of exit in duopoly[J]. Econometrica, 54(4): 943-960.

Genesove D.1993. Adverse selection in the wholesale used car market[J]. Journal of political economy, 101(4): 644-645.

Gibson B. 2004. Hard drive shortage behind iPod mini global delay[OL]. http://www.macobserver.com/article/2004/03/25.14.shtml.

Gilligan T. 2002.Adverse selection and trade in used durable goods: Evidence from the market for business aircraft[D]. Mimeo, University of Southern California.

Goering G E.1993.Durability choice under demand uncertainty[J]. Economica, 60(240): 397-411.

Goering G E.2007. Durability choice with differentiated products[J]. Research in Economics, 61(2): 105-112.

Goering G E.2008. Socially concerned firms and the provision of durable goods[J]. Economic Modelling,25(3):575-583.

Goering G E, Pippenger M K. 2009. Exchange rates and concurrent leasing and selling in durable-goods monopoly[J]. Journal of Atlantic Economy, 37: 187-196.

Gomes J F, Kogan L, Yogo M. 2009. Durability of output and expected stock returns[J]. Journal of Political Economy, 117(5): 941-986.

Green E J. Porter R H.1984. Noncooperative collusion under imperfect price information[J]. Econometrica, 52(1): 87-100.

Gul F, Sonnenschein H, Wilson R.1986. Foundations of dynamic monopoly and the Coase conjecture[J]. Journal of Economic Theory, 39(1): 155-190.

Gundlach G T, Guiltinan J P.1998. A marketing perspective on predatory pricing[J]. Antitrust Bulletin, 43(3): 883-917.

Hendel I, Lizzeri A. 1999a. Interfering with secondary markets[J]. Rand Journal of Economics, 30(1): 1-21.

Hendel I, Lizzeri A. 1999b. Adverse selection in durable goods markets[J]. American Economic Review, 89(5): 1097-1115.

Hendel I, Lizzeri A.2002. The role of leasing under adverse selection[J]. Journal of Political Economy, 110(1): 113-143.

Johnson J P, Waldman M. 2002.Leasing, lemons, and buy-backs[J]. Rand Journal of Economics. Forthcoming, 34(2): 247-265.

Kahn C. 1986. The durable goods monopolist and consistency with increasing costs[J]. Econometrica, 54(2): 275-294.

Karp L S, Perloff J M.1996. The optimal suppression of a low-cost technology by a durable-good monopoly[J]. Rand Journal of Economics, 27(2): 346-364.

Kawakami T, Yoshihiro Y.1997. Collusion under financial constraints: Collusion or predation when the discount factor is near one? [J].Economics Letters, 54(2): 175-178.

Kaysen C. 1956. United States v. United Shoe Machinery Corporation: An Economic Analysis of an Antitrust Case[M]. Cambridge, Mass.: Harvard University Press.

Kim J C.1985. The market for "lemons" reconsidered: a model of the used-car[J]. Market with Asymmetric information, 75(4): 836-843.

Kim J C.1989. Trade in used gods and durability choice[J]. International Economic Journal, 3(3): 53-63.

Kleiman E, Ophir T.1966. The durability of durable goods[J]. Review of Economic Studies, 33(2): 165-178.

Klein B.1993. Market-power in antitrust: economic analysis after Kodak[J]. Supreme Court Economic Review, 3(3): 43-92.

Klevorick A K. 1993. The current state of the law and economics of predatory pricing[J]. American Economic Review, 83(2): 162-168.

Kreps D M, Milgrom P, Roberts J, et al.1982. Rational cooperation in the finitely repeated prisoners' dilemma[J]. Journal of Economic Theory, 27(2): 245-252.

Kuhn K.1998. Intertemporal price discrimination in frictionless durable goods monopolies[J]. Journal of Industrial Economics, 46(1): 101-114.

Kuhn K, Padilla A. 1996. Product line decisions and the Coase conjecture[J]. RAND Journal of Economics, 27(2), 391-414.

Kumar P.2002. Price and quality discrimination in durable goods monopoly with resale trading[J]. International Journal of Industrial organization, 20(9): 1313-1339.

Kutsoati E, Zabojnik J. 2001. Durable goods monopoly, learning-by-doing and sleeping patents[D]. Mimeo, University of Southern California.

Lee I H, Lee J.1998. A theory of economic obsolescence[J]. Journal of Industrial Economics, 46(3): 383-401.

Levhari D, Srinivasan T N.1969. Durability of consumption goods: competition versus monopoly[J]. American Economic Review, 59(1): 102-107.

Levine D K, Pesendorfer W. 1995. When are agents negligible? [J]. American Economic Review, 85(5): 1160-1170.

Levinthal D A, Pruohit D. 1989. Durable goods and product obsolescence[J]. Marketing Science, 8(1): 35-56.

Li C Y, Geng X Y. 2008. Licensing to a durable-good monopoly[J]. Economic Modelling, 25(5): 876-884.

Liebowitz S J.1982. Durability, market structure, and new-used goods models[J]. American Economic Review, 72(4): 816-824.

Lizuka T. 2007. An empirical analysis of planned obsolescence[J]. Journal of Economics & Management Strategy, 16(1): 191-226.

Maskin E, Riley J. 1984. Monopoly with incomplete information[J]. Rand Journal of Economics, 15(2): 171-196.

Menezes M, Serbin J. 1993. Xerox Corporation: the Customer Satisfaction Program[M]. Harvard Business School Case Series 591-055. Harvard Business School Publishing Division, Cambridge, MA.

Merissa M.2005. In dream works earnings woes, a bigger problem: sales of Shrek 2 DVD suggest format is peaking as Hollywood profit center[J]. Wall Street Journal, 7(12): A1.

Mieghem J A V, Dada M. 1999.Price versus production postponement: capacity and competition[J]. Management Sci., 45(12): 1631-1649.

Milgrom P, Roberts J. 1982. Predation, reputation, and entry deterrence[J]. Journal of Economic Theory, 27(2): 280-312.

Milgrom P, Roberts J.1991. Adaptive and sophisticated learning in normal form games[J]. Games and Economic Behavior, 3(1): 82-100.

Miller H, Lawrence J.1974. On killing off the market for used textbooks and the relationship between markets for new and used secondhand goods[J]. Journal of Political Economy, 82(3): 612-619.

Mills E.1954.Expectations, uncertainty and inventory fluctuations[J].Rev. Econom. Stud., 22(1): 15-22.

Mussa M, Rosen S.1978. Monopoly and product quality[J]. Journal of Economic Theory, 18(2): 301-317.

Nahm J. 2001.Durable goods monopoly with endogenous innovation[J]. Journal of Economics & Management Strategy, 13(2): 303-319.

Pathak B K. 2010. Development of a markov decision process-based model for controlling secondary market sales: the example of the online market for used textbooks[J]. International Journal of Management, 27(3): 704-712.

Pesendorfer W.1995. Design innovation and fashion cycles[J]. American Economic Review，85(4)：771-792.

Petruzzi N L，Dada M. 1999.Pricing and the newsvendor model：a review with extensions[J]. Oper. Res.，47(2)：183-194.

Porter R H，Sattler P. 1999.Patterns of trade in the market for used durables：Theory and evidence[J]. NBER Working Papers .

Posner R A.1976.Antitrust Law：An Economic Perspective[M]. Chicago：University of Chicago Press.

Rao R S，Narasimhan O，John G. 2009. Understanding the Role of Trade-Ins in Durable Goods Markets：Theory and Evidence[J]. Marketing Science，28(5)：950-967.

Rotemberg J J. Saloner G. 1986. A supergame-theoretic model of price wars during booms[J]. American Economic Review，76(3)：390-408.

Rotemberg J J，Saloner G. 1987. The relative rigidity of monopoly pricing[J]. American Economic Review，77(5)：917-927.

Rotemberg J J，Saloner G.1990. Collusive price leadership[J]. Journal of Industrial Economics，39(1)：93-111.

Rust J.1986. When is it optimal to kill off the market for used durable goods？ [J] Econometrica，54(1)：65-86.

Salop S，Stiglitz J E. 1982. The theory of sales：A simple model of equilibrium price dispersion with identical agents[J]. American Economic Review，72(5)：1121-1130.

Sattler P.1995. New cars，used cars and clunkers：the imperfect substitutability of used goods and patterns of trade in the market for durables：theory and evidence[D]. Mimeo，Northwestern University.

Schmalensee R. 1974. Market structure，durability and maintenance effort[J]. Review of Economic Studies，41(2)：277-287.

Sieper E，Swan P L.1973. Monopoly and competition in the market for durable goods[J]. Review fo Economic Studies，40(3)：333-351.

Shirouzu N.2005. High fuel prices trigger invasion of the minicars：Car makers pitch new models as safer than predecessors[J]. Wall Street Journal，(14)：D1.

Sobel J.1991. Durable goods monopoly with entry of new consumers[J]. Econometrica，59(5)：1455-1485.

Soma J T. 1976.The Computer Industry：An Economic-Legal. Analysis of its Technology and Growth[M]. Lexington，Mass.：Lexington Books.

Spence A M.1975. Monopoly quality and regulation[J]. Bell Journal of Economics，6(2)：417-421.

Sreekumar R，Stephen M.2005. Selling and leasing strategies for durable goods with complementary products[J].Management Science，51(8)：1278-1290.

Stokey N.1981. Rational expectations and durable goods pricing[J]. Bell Journal of Economics，12(1)：112-128.

Su T T. 1975. Durability of consumption goods reconsidered[J]. American Economic Review，65(1)：148-157.

Swan P L.1970. Durability of consumption goods[J]. American Economic Review，60：884-894.

Swan P L.1971. The durability of goods and the regulation of monopoly[J]. Bell Journal of Economics and Management Science，2(1)：347-357.

Swan P L.1972. Optimum durability，second hand markets，and planned obsolescence[J]. Journal of Political Economy，80(3)：575-585.

Swan P L.1980. Alcoa: The influence of recycling on monopoly power[J]. Journal of Political Economy, 88(1): 76-99.

Swan P L. 2001. Optimum durability, second-hand markets, and planned obsolescence[J]. Journal of Political Economy, 80(3): 575-585.

Utaka A.2006. Planned obsolescence and social welfare[J]. Journal of Business, 79(1): 137-147.

Vera T, Wang Y Z, Yang W. 2009. Channel strategies for durable goods: coexistence of selling and leasing to individual and corporate consumers[J]. Production and Operations Management, 18(4): 402-410.

Waldman M. 1993. A new perspective on planned obsolescence[J]. Quarterly Journal of Economics, 108(1): 273-283.

Waldman M. 1996a. Durable goods pricing when quality matters[J]. Journal of business, 69(4): 489-510.

Waldman M. 1996b. Planned obsolescence and the R&D decision[J]. Rand Journal of Economics, 27(3): 583-595.

Waldman M. 1997. Eliminating the market for secondhand goods[J]. Journal of Law and Economics, 40(1): 61-92.

Waldman M. 2003. Durable goods theory for real world markets[J]. Journal of Economic Perspectives, 17: 131-154.

Wicksell K. 1934.A Mathematical analysis of Dr. Akerman's problem[J]. In Lectures in Political Economy // Classen E. London: Routledge and Kegan Paul, Ltd., 274-299.

Wolinsky A.1991.Durable-good monopoly with inventories[J].Economic Letters, 37(4): 339-343.

Woodruff D. 1994. Leasing fever[J]. USA Today, 18: 1B-4B.

Yin S Y, Ray S, Gurnani H.2010. Durable products with multiple used goods markets: product upgrade and retail pricing implications[J]. Marketing Science, 29(3): 540-560.

Young L, Bolbol A.1992. Output fluctuations as entry deterrence: A model of predatory pricing[J]. Canadian Journal of Economics, 25(1): 89-111.

Zipkin P H. 2000. Foundations of Inventory Management[M]. McGraw Hill, New York.

附　　录

附录 1

$$C = \frac{144 + 248r + 52r^2 - 94r^3 - 78r^4 - 2r^5 + 16r^6 + 10r^7 + 2r^8}{(2+r)(6+3r-2r^2-r^3)(32+10r-3r^2-14r^3-2r^4+r^6)}$$

$$D = \frac{48 + 4r + 48r^2 + 53r^3 + 18r^4 - 17r^5 - 12r^6 - r^7 + 2r^8 + r^9}{(2+r)(6+3r-2r^2-r^3)(32+10r-3r^2-14r^3-2r^4+r^6)}$$

$$M = \frac{-48r + 58r^2 + 264r^3 + 9r^4 - 65r^5 + 4r^6 + 54r^7 - 3r^8 + 9r^9 - 2r^{10}}{(1+r^2)(2+r)(6+3r-2r^2-r^3)(32+10r-3r^2-14r^3-2r^4+r^6)}$$

$$N = \frac{144 + 114r + 100r^2 + 147r^3 - 22r^4 - 71r^5 - 56r^6 - 2r^7 + 16r^8 + 8r^9 - r^{11}}{(1+r^2)(2+r)(6+3r-2r^2-r^3)(32+10r-3r^2-14r^3-2r^4+r^6)}$$

根据 0<r<1，易知 C、D、M、N、X、Y、G、H 均大于零，又因为

$$C - D = \frac{96 + 244r + 4r^2 - 147r^3 - 96r^4 + 15r^5 + 28r^6 + 11r^7 - r^9}{(2+r)(6+3r-2r^2-r^3)(32+10r-3r^2-14r^3-2r^4+r^6)} > 0$$

$$N - M = \frac{144 + 162r + 42r^2 - 117r^3 - 31r^4 - 6r^5}{(1+r^2)(2+r)(6+3r-2r^2-r^3)(32+10r-3r^2-14r^3-2r^4+r^6)}$$
$$+ \frac{-60r^6 - 56r^7 + 19r^8 - r^9 + 2r^{10} - r^{11}}{(1+r^2)(2+r)(6+3r-2r^2-r^3)(32+10r-3r^2-14r^3-2r^4+r^6)} > 0$$

$$X - Y = \frac{4r + 28r^2 + 20r^3}{(2+r)(32+10r-3r^2-14r^3-2r^4+r^6)} > 0$$

$$H - G = \frac{32r + 52r^2 + r^3}{(2+r)(32+10r-3r^2-14r^3-2r^4+r^6)} > 0$$

所以，得证

$$C > D、\quad N > M、\quad X > Y、\quad H > G。$$

附录 2

目标函数 $(-Z)$ 的海萨尼矩阵为

$$\begin{bmatrix} 2/v & -1/v & 0 & 0 \\ -1/v & 2/v & 0 & 0 \\ 0 & 0 & 2/(\Delta+v-\delta v) & -2/(\Delta+v-\delta v) \\ 0 & 0 & -2/(\Delta+v-\delta v) & 2/(\Delta+v-\delta v) \end{bmatrix}$$

因为该矩阵的顺序主子式分别为

$$\frac{2}{v}>0 \ ; \quad \begin{vmatrix} 2/v & -1/v \\ -1/v & 2/v \end{vmatrix} = \frac{3}{v^2}>0 \ ; \quad \begin{vmatrix} 2/v & -1/v & 0 \\ -1/v & 2/v & 0 \\ 0 & 0 & 2/(\Delta+v-\delta v) \end{vmatrix} = \frac{6}{v^2(\Delta+v-\delta v)}>0$$

$$\begin{vmatrix} 2/v & -1/v & 0 & 0 \\ -1/v & 2/v & 0 & 0 \\ 0 & 0 & 2/(\Delta+v-\delta v) & -2/(\Delta+v-\delta v) \\ 0 & 0 & -2/(\Delta+v-\delta v) & 2/(\Delta+v-\delta v) \end{vmatrix} = \frac{12}{v^2(\Delta+v-\delta v)^2}>0$$

因此，目标函数 $(-Z)$ 的海萨尼矩阵为正定矩阵得证。

附录 3

目标函数 $(-Z)$ 的海萨尼矩阵为

$$\begin{bmatrix} 2/v & 0 & 0 & -1/v \\ 0 & 2/v+2/\Delta & 0 & -1/\Delta \\ 0 & 0 & 2/(\Delta+v-\delta v) & -2/(\Delta+v-\delta v) \\ 0 & -2/\Delta & -2/(\Delta+v-\delta v) & 2/\Delta+2/(\Delta+v-\delta v) \end{bmatrix}$$

因为该矩阵的顺序主子式分别为

$$\frac{2}{v}>0 ; \quad \begin{vmatrix} 2/v & 0 \\ 0 & 2/v+2/\Delta \end{vmatrix}=\frac{2}{v}\left(\frac{2}{v}+\frac{2}{\Delta}\right)>0$$

$$\begin{vmatrix} 2/v & 0 & 0 \\ 0 & 2/v+2/\Delta & 0 \\ 0 & 0 & 2/(\Delta+v-\delta v) \end{vmatrix}=\frac{4}{v(\Delta+v-\delta v)}\left(\frac{2}{v}+\frac{2}{\Delta}\right)>0$$

$$\begin{vmatrix} 2/v & 0 & 0 & -1/v \\ 0 & 2/v+2/\Delta & 0 & -1/\Delta \\ 0 & 0 & 2/(\Delta+v-\delta v) & -2/(\Delta+v-\delta v) \\ 0 & -2/\Delta & -2/(\Delta+v-\delta v) & 2/\Delta+2/(\Delta+v-\delta v) \end{vmatrix}>0$$

因此，目标函数 $(-Z)$ 的海萨尼矩阵为正定矩阵得证。